U.S. SPACE WARFARE

张茗 著

Command the Ultimate High ground

U.S. Military's Space Operations Exploration

主宰终极高地

美军太空作战探索

中国社会科学出版社

图书在版编目（CIP）数据

主宰终极高地：美军太空作战探索 / 张茗著. —北京：中国社会科学出版社，2023.8（2024.12 重印）

ISBN 978-7-5227-2006-7

Ⅰ.①主⋯ Ⅱ.①张⋯ Ⅲ.①空军—武装力量—研究—美国 Ⅳ.①E712.54

中国国家版本馆 CIP 数据核字（2023）第 114234 号

出 版 人	赵剑英	
责任编辑	赵　丽	
责任校对	郝阳洋	
责任印制	郝美娜	

出　　版	中国社会科学出版社	
社　　址	北京鼓楼西大街甲 158 号	
邮　　编	100720	
网　　址	http://www.csspw.cn	
发 行 部	010-84083685	
门 市 部	010-84029450	
经　　销	新华书店及其他书店	
印　　刷	北京明恒达印务有限公司	
装　　订	廊坊市广阳区广增装订厂	
版　　次	2023 年 8 月第 1 版	
印　　次	2024 年 12 月第 3 次印刷	
开　　本	710×1000　1/16	
印　　张	12	
插　　页	2	
字　　数	201 千字	
定　　价	68.00 元	

凡购买中国社会科学出版社图书，如有质量问题请与本社营销中心联系调换
电话：010-84083683
版权所有　侵权必究

目　　录

绪论　美军太空作战探索："煤矿里的金丝雀" …………………… 1

第一章　太空的物理特性与军事利用 ………………………… 12
 第一节　太空的物理特性 …………………………………… 12
 第二节　太空的军事利用 …………………………………… 20

第二章　美国太空军事理论 …………………………………… 28
 第一节　美国代表性太空军事理论 ………………………… 28
 第二节　美国太空军事理论的特点 ………………………… 44

第三章　美军太空作战条令 …………………………………… 47
 第一节　美军太空作战条令的演进 ………………………… 48
 第二节　美军太空作战条令解读 …………………………… 53
 第三节　美军太空作战条令的特点 ………………………… 59

第四章　美军太空体制 ………………………………………… 63
 第一节　美军太空采办体制 ………………………………… 63
 第二节　美军太空作战指挥体制 …………………………… 68
 第三节　美军太空部队建设体制 …………………………… 73

第五章　美军太空装备 ………………………………………… 85
 第一节　作为赋能器和军力倍增器的军事太空系统 ……… 85
 第二节　太空对抗系统 ……………………………………… 100

第六章 美军太空教育 ································ 113
第一节 美军太空教育体制的演进 ················· 113
第二节 美军太空教育的基本格局 ················· 117

第七章 美军太空作战演习 ·························· 132
第一节 美军太空作战演习举要 ··················· 132
第二节 美军太空作战演习的特点与趋势 ··········· 142

第八章 美军太空作战实战 ·························· 144
第一节 美军太空作战实战案例 ··················· 145
第二节 美军太空作战实战的特点与趋势 ··········· 154

第九章 美军太空作战伙伴 ·························· 160
第一节 商业伙伴 ······························· 161
第二节 政府部门伙伴 ··························· 163
第三节 国际盟伴 ······························· 170

第十章 美军太空作战探索的后果 ···················· 178
第一节 美军太空作战探索的军事后果 ············· 178
第二节 美军太空作战探索的国际后果 ············· 180

余论 威慑视角下的美军太空作战探索 ················ 188

绪 论

美军太空作战探索："煤矿里的金丝雀"

> 知己知彼，百战不殆。
>
> ——《孙子兵法·谋攻》

自1957年苏联把第一颗人造卫星"旅伴1号"送入太空①以来，人类探索、利用太空的努力方兴未艾。随着太空技术扩散、太空商业化、太空军事化的持续推进，太空系统不仅成为人类社会日常经济、文化生活的重要组成部分，其军事应用也越来越广泛。从被称为"第一场太空战争"的1991年第一次海湾战争到被称为"第一场商业太空战争"的2022年爆发的乌克兰战争，太空系统作为常规地面冲突的赋能器和军力倍增器的重要性不断提高。美国作为最早探索把太空系统用于为地面常规作战提供支持的国家和最强大的太空国家，其太空作战探索尤其引发高度关注。

一 选题缘起

在人类进入太空时代七十多年后的今天，国际太空形势喜忧并存，太空在成为开发热土的同时，也面临着"公地的悲剧"和"安全困境"，太空的重要性和复杂性都前所未有。一方面，月球探索、火星探索炙手可热，太空商业开发如火如荼，太空系统对国家安全、经济发展、科技

---

① 根据不同语境，又称"空间""航天"或简称"天"。

进步、社会文化发展乃至应对气候变化发挥着不可或缺的重要作用。另一方面，太空环境污染越来越严重，太空军事化、武器化向纵深发展，冷战时期奠定的国际太空法律体系、治理机制以及未来太空的稳定、安全和可持续发展面临空前挑战，国际太空秩序进入了动荡、调整和重塑的新阶段。

（一）国际太空态势概览

1. 太空技术持续扩散

随着技术和金融门槛的降低，太空能力持续从发达国家向发展中国家、从政府部门向商业部门扩散，越来越多的国家、私营企业加入太空探索与开发的行列，太空不再是少数发达国家的专属领域。以国家而论，全球参与太空活动的国家的数目已从最初的个位数增加至上百个，仅2010年以来就有南非、英国、土耳其、澳大利亚等20多个国家成立国家航天局。近几年来不仅一些原来并不追求本土太空发射能力的国家如澳大利亚、英国、德国等开始积极发展本土太空发射能力，太空发射场建设热潮更是席卷全球，英国、瑞典、挪威、德国、意大利、苏格兰、葡萄牙、挪威、澳大利亚、印度尼西亚等原先没有本土太空发射设施的国家也积极谋划并推进境内太空发射场建设。以地区而论，虽然近年来中东、非洲太空表现亮眼，但亚洲太空力量的群体性崛起对全球太空格局的冲击更大。2022年6月韩国自主研制的"世界号"火箭的成功发射，不仅使韩国从此跻身太空发射俱乐部①，而且使亚洲以7席居各大洲之首。

不过，太空技术扩散虽然打破了发达国家的太空垄断，但还未根本打破全球太空"一超多强"及地区不平衡格局。天权②金字塔依然存在，许多关键太空能力仍仅为少数国家所掌握，比如仅美国、俄罗斯、中国拥有独立载人航天能力，具备月球、火星探索能力的国家也屈指可数。美国仍保持绝对太空优势。以数字而论，美国政府的太空支出占全球政府太空总支出的一半以上；截至2022年4月底，全球在役卫星总数

---

① 具备独立太空发射能力的10个国家及国家集团包括：俄罗斯、美国、欧盟、中国、日本、印度、以色列、伊朗、朝鲜、韩国。

② 对应英语的"space power"或"spacepower"。

5465颗，其中美国3433颗。①

2. 太空商业化高歌猛进

得益于政府的大力扶持、风险资本的涌入、可重复使用火箭技术以及火箭、卫星的快速迭代量产等颠覆性技术的发展，太空"淘金热"持续升温。根据美国咨询公司太空资本的数据，从2012年到2021年年底，全球1694家太空公司共筹集2529亿美元股权投资。②商业太空部门在太空经济中的比重也节节攀升。据美国太空基金会的报告，2020年商业太空部门近3570亿美元，占4470亿美元全球太空经济总规模的近80%。③美国的太空探索技术公司、"行星"公司、芬兰的"冰眼"公司等"新太空"明星企业已跻身行业翘楚，其中美国太空探索技术公司甚至堪与波音、洛克希德·马丁（简称洛马，下同）公司等"老太空"分庭抗礼，2020年10月摩根士丹利对其市场估值超千亿美元。

虽然太空无涯无际，但地球轨道容量有限，卫星使用的电磁频谱（EMS）也有限。随着太空商业化，特别是巨型近地轨道小卫星星座建设热潮的兴起，在"先到先得"的原则下，近地轨道轨位、卫星频段资源争夺趋于白热化。据统计，2020年全球共部署小卫星1100颗，占全年部署卫星总数的92%，而十年前小卫星部署占比仅为27%。④从2019年5月发射首批60颗"星链"小卫星到2022年10月底，太空探索技术公司累计已发射3558颗"星链"小卫星，其中在轨3275颗，在役3237颗。⑤

在国际太空治理滞后的背景下，美国先下手为强，不仅试图把技术优

---

① Union of Concerned Scientists, "UCS Satellite Database", updated April 30, 2022, https://www.ucsusa.org/resources/satellite-database.

② Space Capital, *Space Investment Quarterly: Q4 2021*, January 2022, p. 3.

③ Space Foundation Editorial Team, "Global Space Economy Rose to $447B in 2020, Continuing Five-Year Growth", July 15, 2021, https://www.spacefoundation.org/2021/07/15/global-space-economy-rose-to-447b-in-2020-continuing-five-year-growth/.

④ Space Foundation Editorial Team, "Commercial Space Revenues Propel Global Space Economy to Grow 55% over Decade", https://www.spacefoundation.org/2021/08/23/commercial-space-revenues-propel-global-space-economy-to-grow-55-over-decade/.

⑤ Jonathan's Space Pages, "Starlink Statistics", Data last updated on November 1, 2022, https://planet4589.org/space/stats/star/starstats.html.

势、金融优势转化为先发优势，而且通过放松管制（比如光学、雷达卫星图像解禁）、国内立法（比如《2015年商业太空发射竞争法案》）、丰厚合同等助推商业太空公司跑马圈地。在赢家通吃的残酷现实面前，商业太空的无序开发不仅加剧了太空开发的国际不平等，而且给科学探索带来了困扰。比如近地轨道小卫星激增加重了光污染和无线电干扰，严重妨碍了地基天文观测，引发了国际天文界的广泛质疑和担忧。2019年6月，代表1.35万名来自全球100多个国家的天文学家的国际天文联合会特别发表声明，称无论是对于推进对宇宙的理解，还是作为一种全人类资源，一个无线电寂静的黑暗夜空都至关重要。另外，随着巨型近地轨道小卫星星座部署的推进、深空探索与商业开发热度的升温，太空交通管理、太空资源的开发与管理成为重要又棘手的热点问题。

3. 太空军事化、武器化加速发展

近年来太空武器化不可逆转、太空将不可避免地沦为下一个战场等言论甚嚣尘上，美国更是宣称必须为冲突延伸到太空乃至肇始于太空做准备。继美国之后，法国、意大利、英国、澳大利亚等国也纷纷出台太空防务战略、启动太空军事体制建设或改组，一种把太空纳入作战领域、与陆海空相提并论的全球趋势正在兴起。[①] 军事太空系统和太空对抗（counterspace）系统[②]也呈扩散之势。虽然太空军事化本身并不新鲜，但在大国战略竞争加剧的国际地缘政治背景下，其加速发展引发了广泛忧虑。

与此同时，虽然1967年的《外层空间条约》第三条规定各缔约国探索和利用包括月球和其他天体在内的外太空活动应遵守包括《联合国宪章》在内的国际法，第四条禁止在太空部署大规模杀伤性武器，第五条确立了和平利用太空的原则，[③] 但对于测试或在太空部署非核武器并无特别限制，对太空对抗系统的开发、测试及部署也未明确禁止。

随着太空冲突危险加剧，国际太空安全领域的规则博弈也更为激烈。

---

① Mathieu Bataille & Valentine Messina, *Europe, Space and Defence—From "Space for Defence" to "Defence of Space"*, European Space Policy Institute, February 2020, p. 1.

② 又译"太空攻防系统"。

③ 参见［德］斯蒂芬·霍贝、伯恩哈德·施密特-泰德、凯-伍·施罗格主编《科隆空间法评注》（第一卷：《外空条约》），李寿平等译，世界知识出版社2017年版。

一方面，西方世界正在为武装冲突延伸到太空做规则上的准备。加拿大麦吉尔大学和澳大利亚阿德莱德大学先后领衔发起了《军事利用外层空间国际法手册》和《伍麦拉军事太空作战国际法手册》的编撰，试图澄清以 1949 年《日内瓦公约》和 1977 年两个附加议定书为主体的武装冲突法和国际人道主义法等既有国际法如何适用于太空军事利用/行动。《军事利用外层空间国际法手册》项目发起人称美军正在为太空中的战争做准备，而他们则起草法律为此做准备。① 另一方面，国际社会在太空安全治理路径上存在分歧。中国和俄罗斯在 2008 年联合向联合国裁军大会提交了具有法律约束力的《防止在外层空间放置武器、对外层空间物体使用或威胁使用武力条约（草案）》（硬法），并于 2014 年再次提交修订草案，西方国家近年来则更偏向制定不具有法律约束力的太空行为规范（软法）。2020 年 12 月，联合国大会第七十五届会议通过了英国提出的《通过负责任行为准则、规则和原则减少太空威胁》决议，试图把太空安全讨论从禁止或控制特定技术转向禁止或控制特定太空活动与行为。2021 年 7 月，美国国防部长奥斯汀（Lloyd Austin）签署备忘录，首次要求五角大楼遵守五条负责任太空军事活动行为规范。②

可以说，随着太空技术的持续扩散以及太空商业化、军事化乃至武器化的纵深发展，太空探索与开发的两面性进一步凸显，全球太空经济、环境、安全态势更加复杂，太空"公地的悲剧"和"安全困境"进一步加剧。

（二）美军太空作战探索："煤矿里的金丝雀"

在人类迈入太空时代的前二十年，绝大多数卫星专注于执行侦察、监视、通信和环境监控等战略任务。美军从 20 世纪 60 年代末开始利用太空系统支持常规军事行动并逐渐将其常态化。作为太空作战探索的先

---

① Dale Stephens and Duncan Black, "The U. S. Military Is Preparing for War in Space: We're Drafting Laws to Be Ready for It", November 22, 2017, https://www.newsweek.com/us-preparing-war-space-laws-drafted-719438.

② 包括：以妥为顾及他方和专业的方式实施在太空、从太空、向太空及经过太空的行动，限制产生长期驻留的太空碎片，避免产生有害干扰，保持安全分离和安全轨迹、保持沟通及知会以增进太空安全与稳定。参见 Theresa Hitchens, "Exclusive: In a First, SecDef Pledges DoD to Space Norms", *Breaking Defense*, July 19, 2021, https://breakingdefense.com/2021/07/exclusive-in-a-first-secdef-pledges-dod-to-space-norms/。

行者和典型代表，美军利用太空系统为地面常规冲突赋能已持续数十年。作为唯一的太空超级大国，美国在太空领域的一举一动堪比"煤矿里的金丝雀"，具有重要"指示器"和"风向标"的意义。

以20世纪60年代末气象和通信卫星参与越南战争为起点，太空系统开始零星、短暂、低强度地参与美军地面常规作战，这一态势一直延续到20世纪80年代。进入20世纪90年代，随着美军太空系统从早期几乎专门支持国家战略（核）任务向冷战结束以后为常规军事行动赋能拓展，太空系统参与地面常规作战逐渐常态化。1991年的第一次海湾战争或者确切地说"沙漠风暴行动"堪称美军太空作战的分水岭和加速未来太空战术应用的催化剂。[1] 美军"国防支持项目"战略导弹预警卫星被创造性地用于探测伊拉克"飞毛腿"地对地战术弹道导弹，而"全球定位系统"帮助美军成功实施需穿越无明显地形特征、无道路、无地图的沙漠的"左勾拳"突袭行动。从第一次海湾战争到1999年科索沃战争再到21世纪初的阿富汗战争和伊拉克战争，太空系统越来越广泛、经常地应用于支持常规地面作战，提供卫星通信、"定位、导航与授时"、"情报、监视、侦察"（简称"情监侦"）、指挥与控制、气象等重要服务，为美军赢得地面战场的胜利立下汗马功劳。

进入21世纪的第二个十年，美国奥巴马政府一度在太空事务上展示出比其前任更为合作的姿态，在太空武器化立场上有所收敛，对太空军控也持更开放的态度。不过，以2014年启动太空战略评估为起点，奥巴马政府重拾强硬立场，在渲染太空威胁的同时高调备战太空。到2017年特朗普入主白宫，美国在太空安全领域更趋激进。2018年3月，特朗普开美国总统官宣太空是作战领域（warfighting domain）之先河。[2] 2019年，美国开始了以作战为导向的大幅太空军事架构调整，

---

[1] Thomas S. Moorman Jr., "Space: A New Strategic Frontier", *Airpower Journal*, Vol. 6, No. 1, 1992, p. 20.

[2] 美国陆军比特朗普早一个月把太空确定为作战领域。U.S. Army, FM 3-14, *Army Space Operations*, February 13, 2018, p. I-2.

先后成立太空开发局、重建美国太空司令部、创建美国太空军（又译"天军"），并积极打造以提高太空系统韧性为目标的太空作战架构。

可以说，在全球地缘政治形势和国际太空态势发生巨大变化的背景下，美军太空防务乃至全球太空防务态势正呈现出一些值得关注的新特点、新动向。美军太空作战探索不仅将深刻影响美国防务建设，而且将带来重大国际影响和后果。在此意义上，研究美军太空作战探索具有重要现实价值。

二 文献综述

虽然太空独特的物理特性决定了太空中的战争形态有别于地面战争形态，但目前战争的跨域、全域特性决定了把战争局限在任何领域都不现实，不存在以领域定义的单纯的陆战、海战、空战或者太空战。另外，"星球大战"系列电影极具视觉冲击力的炫酷太空作战场景也仅存在于银幕上。由于太空中没有空气，砰砰作响、火光冲天的声音和视觉效果在现实中并不可能发生。可以说，关于太空作战，不仅科幻与现实、愿望与能力、言辞与行动之间存在较大距离，太空技术及其他领域技术的持续革新、太空与其他领域相互依赖的不断加深更使太空作战如何展开显得扑朔迷离。很大程度上无论是未来太空冲突的形态还是太空作战的规则和能力都未确定，因此吸引了中外太空界的持续关注和研究。

（一）国际研究文献综述

就美国太空界的太空作战研究历程而言，由于《1958年国家航空航天法》规定太空活动应服务于为全人类谋福祉的和平目的，在冷战的很长时间里，太空作为和平"避风港"（Sanctuary）是美国的"官方默认立场"，[1] 太空被视为一个不同于陆海空的特殊领域，一个免于

---

[1] Roger Handberg, "Is Space War Imminent? Exploring the Possibility", *Comparative Strategy*, Vol. 36, No. 5, 2017, p. 418.

战争的和平空间,关于太空作战的探索并不活跃。20世纪70年代下半叶美国的太空"避风港"立场开始动摇,太空作战研究逐渐兴起并经久不衰。①

美国太空著作及论文中交替使用 space warfare 和 space war,美军官方文献中也存在作战（operation）、战役（campaign）、战式（Warfare）、战争（War）等不同表达。总体上看,美国的太空作战研究可分为理论探讨和实证研究两大类,前者着眼于理论建构,后者注重对实践的叙述和对经验教训的总结。理论方面,包括天权理论、太空战式（如"太空珍珠港"、有限太空战、深空战、太空电子战）、太空威慑与攻防关系（如以攻为主、第一次打击与第二次打击）② 等众多议题,其中福里斯特·E.摩根（Forrest E. Morgan）的太空威慑研究、保罗·希曼斯基

---

① See G. Harry Stine, *Confrontation in Space*, Englewood Cliffs, N. J.: Prentice-Hall, 1981; James Canaan, *War in Space*, New York, Cambridge, ET AL: Harper & Row, 1982; General Daniel O. Graham, *High Frontier: A New National Security Strategy*, Washington, D. C.: High Frontier, 1982; David Ritchie, *Spacewar*, New York: Atheneum, 1982; Curtis Peebles, *Battle for Space*, New York: Beaufort Books, 1983; Thomas Karas, *The New High Ground: Strategies and Weapons of Space-Age War*, New York: Simon & Schuster, 1983; John Hyten & Robert Uy, "Moral and Ethical Decisions Regarding Space Warfare", *Air & Space Power Journal*, Vol. 18, No. 2, 2004, pp. 51-60; Howard Kleinberg, "On War in Space", *Astropolitics: The International Journal of Space Politics & Policy*, Vol. 5, No. 1, 2007, pp. 1-27; Elbridge Colby, *From Sanctuary to Battlefield: A Framework for a U. S. Defense and Deterrence Strategy for Space*, Center for a New American Security, January 2016; Roger Handberg, "Is Space War Imminent? Exploring the Possibility", *Comparative Strategy*, Vol. 36, No. 5, 2017, pp. 413-425, etc.

② See Donald Cox and Michael Stoiko, *Spacepower: What It Means to You*, Philadelphia and Toronto: The John C. Winston Company, 1958; Forrest E. Morgan, *Deterrence and First-Strike Stability in Space: Preliminary Assessment*, RAND Corporation, April 2010; Michael Krepon & Julia Thompson eds., *Anti-satellite Weapons, Deterrence and Sino-American Space Relations*, Stimson Center, September 2013; Elbridge Colby, *From Sanctuary to Battlefield: A Framework for a U. S. Defense and Deterrence Strategy for Space*, Center for a New American Security, January 2016; Todd Harrison, Zack Cooper, Kaitlyn Johnson, Thomas G. Roberts, *Escalation and Deterrence in the Second Space Age*, Center for Strategic and International Studies, October 3, 2017; Bonnie L. Triezenberg, *Deterring Space War: An Exploratory Analysis Incorporating Prospect Theory into a Game Theoretic Model of Space Warfare*, RAND Corporation, December 2017; John C. Wright, *Deep Space Warfare: Military Strategy Beyond Orbit*, Jefferson, N. C.: McFarland & Company, 2019; Paul Szymanski, "Techniques for Great Power Space War", *Strategic Studies Quarterly*, Vol. 10, No. 4, 2019, pp. 78-104; David L. Adamy, *EW 105: Space Electronic Warfare*, Artech House, 2020, etc.

(Paul Szymanski) 的大国太空作战原则等都影响广泛。① 实践层面，美国太空战略、美军太空作战条令、太空军事化的历史等都是重要研究对象，其中保罗·B. 斯泰尔斯（Paul B. Stares）的美国太空军事化历史、沃尔特·A. 麦克杜格尔（Walter A. McDougall）的美苏太空政治史、彼得·L. 海斯（Peter L. Hays）的美军太空条令探索史、大卫·N. 斯派瑞斯（David N. Spires）的美国空军太空史等都被奉为经典。②

美国太空作战研究机构主要包括美国空军学院、美国空军大学等军方机构；宇航公司的太空作战人员倡议、兰德公司的空军项目等联邦资助的研发中心机构；以及国际战略研究中心、米切尔航空航天研究所、安全世界基金会等智库以及高校研究机构等。总体上，美国的太空作战研究为军方所主导，并以维护美国至高无上的太空霸权为目的，鹰派色彩浓厚。

（二）国内研究文献综述

就国内研究而言，从 20 世纪 80 年代开始，太空作战研究就引起了学界特别是军内学者的持续关注，成果丰硕。以严肃学术著作而论，张健

---

① See David E. Lupton, *On Space Warfare: A Space Power Doctrine*, Maxwell AFB, AL: Air University Press, 1988; James E. Oberg, *Space Power Theory*, Maxwell AFB, AL: Air University Press, 1999; Everett C. Dolman, *Astropolitik: Classical Geopolitics in the Space Age*, London & Portland, OR: Frank Cass Publishers, 2001; John J. Klein, *Space Warfare: Strategy, Principles, and Policy*, London & New York: Routledge, 2006; Charles D. Lutes, Peter L. Hays eds., *Toward a Theory of Spacepower: Selected Essays*, Washington, D.C.: National Defense University Press, 2011; Brent D. Ziarnick, *Developing National Power in Space: A Theoretical Model*, Jefferson, N.C.: McFarland & Company, 2015; Joan Johnson-Freese, *Space Warfare in the 21st Century: Arming the Heavens*, London & New York: Routledge, 2016; John J. Klein, *Understanding Space Strategy: The Art of War in Space*, London & New York: Routledge, 2019; John C. Wright, *Deep Space Warfare: Military Strategy Beyond Orbit*, Jefferson, N.C.: McFarland & Company, 2019, etc.

② See Paul B. Stares, *The Militarization of Space: U.S. Policy, 1945–1984*, Ithaca, NY: Cornell University Press, 1985; Walter A. McDougall, *…The Heavens and the Earth: A Political History of the Space Age*, Baltimore and London: The Johns Hopkins University Press, 1997; Peter L. Hays, *Struggling towards Space Doctrine: U.S. Military Space Plans, Programs, and Perspectives during the Cold War*, Phd Thesis Presented to the Faculty of The Fletcher School of Law and Diplomacy, 1994; David N. Spires, *Beyond Horizons: A History of the Air Force in Space, 1947–2007*, 2nd ed., Peterson Air Force Base, Colo.: Air Force Space Command, United States Air Force, 2007; David N. Spires, *Assured Access: A History of the United States Air Force Space Launch Enterprise, 1945–2020*, Maxwell AFB, AL: Air University Press, 2021, etc.

志、常显奇的制天权、军事航天学研究都具有开创性的意义①，李大光、贾俊民、姜连举等则是太空作战研究和权威太空作战教程的突出代表②，其他成果还包括美军太空军事装备介绍③、美军太空模拟战述评④、美军太空体制研究⑤、美国太空军事化态势⑥以及大量以美国著作为主的译著⑦。略有遗憾的是，对于美军太空作战探索的系统性著作并不多见，与本研究主题最为接近的一本著作——《美军航天战》⑧的出版距今已有28年。在此意义上，与时俱进、结合最新研究成果与当前现实，系统研究美军太空作战探索具有重要学术价值。

另外，军内学者仍是中国太空作战研究的主力军。太空作战研究涉及天文物理、航天工程、军事、历史、法律、国际关系等多个学科，绝不仅仅是军队的事，也需要军外学者的参与。在此意义上，从历史和国际关系学科出发对美军太空作战探索展开系统研究有助于提供多元化视角。

---

① 张健志：《争夺制天权》，解放军出版社1989年版；常显奇等：《军事航天学》，国防工业出版社2002年版；张健志、何玉彬：《争夺制天权：太空的探研、开发与争夺》，解放军出版社2008年版等。

② 李大光：《太空战》，军事科学出版社2001年版；贾俊明：《太空作战研究》，国防大学出版社2002年版；杨学军、张望新主编：《优势来自空间：论空间战场与空间作战》，国防工业出版社2006年版；姜连举主编：《空间作战学教程》，军事科学出版社2013年版；陈杰生、王鹏、张清等：《太空军事运用战略构想》，国防工业出版社2021年版等。

③ 总装备部电子信息基础部：《美国军事航天装备》，国防工业出版社2014年版；尹志忠主编：《世界军事航天发展概论》，国防工业出版社2015年版。

④ 李向阳等编著：《美军"施里弗"空间战演习解读》，国防工业出版社2016年版。

⑤ 段锋：《美国国家安全航天体制》，中国宇航出版社2018年版。

⑥ 丰松江、董正宏编著：《太空，未来战场!?：美国太空军事化新态势新走向》，时事出版社2021年版。

⑦ 包括但不局限于：[美]丹尼尔·奥·格雷厄姆：《高边疆：新的国家战略》，张健志等译，军事科学出版社1988年版；[美]琼·约翰逊-弗里泽：《空间战争》，叶海林、李颖译，国际文化出版公司2008年版；[美]麦克·克雷庞等编：《反卫武器、威慑与中美太空关系》，李向阳译，国防工业出版社2015年版；[美]伯特·查普曼：《太空战争与防御：演进历史与研究资源》，刘兆军、郑永超、王小勇等译，电子工业出版社2016年版；[美]约翰·J. 克莱恩：《太空战：战略、原则与政策》，胡劲松、李海鹏、梁彦刚译，国防工业出版社2019年版；[德]卡伊-乌维·施罗格等编著：《太空安全指南》，杨乐平、王国语、徐能武译，国防工业出版社2019年版。

⑧ 胡思远、陈虎：《美军航天战》，国防大学出版社1995年版。

三 本书结构

从全球视野、中国视角出发，本书除绪论和余论外共分十章。第一章主要介绍太空的物理特性与军事利用；第二章以卢普顿、多尔曼、克莱恩及齐亚尼克为主要代表，详细讨论美国太空军事理论的流变、主要内容、特点及局限。接下来三章分别剖析美军太空作战条令、体制、装备，其中第三章主要探讨美军太空作战条令的演进历程，解读各军种《太空作战》《太空对抗作战》条令和美国参谋长联席会议《太空作战》联合条令的内容及特点；第四章主要分析美军太空采办、部队建设与作战指挥体制的演变及当前基本体制架构，指出在经过新一轮军事太空体制重组之后，美军太空体制已具雏形；第五章详细介绍作为关键赋能器和军力倍增器的军事太空系统以及用于太空攻防的太空对抗系统。随后的第六章梳理美军太空教育体制的演进和基本格局，第七章以"施里弗模拟战""全球哨兵""太空旗帜"为代表，深入分析美军太空战演习的特点和趋势。第八章聚焦美军太空作战实战，对太空系统在第一次海湾战争、科索沃战争、阿富汗战争、伊拉克战争中的作用及后果进行分析评估。第九章从美军加强与商业、政府及国际盟伴合作三个方面剖析美军太空作战的伙伴网络，指出美军不仅试图实现全域集成，还试图实现全政府、全社会乃至全联盟集成。第十章评估美军太空作战探索的军事后果和国际后果，余论部分则尝试从威慑视角简短讨论美军太空作战探索。

第一章

太空的物理特性与军事利用

物理是定律,其他都是建议。

——伊隆·马斯克

太空指地球大气层以外的广袤空间。太空不仅环境严峻,"上天"也并不容易,须达到 7.9 千米/秒的速度即第一宇宙速度(环绕速度)才能脱离地球引力进入地球轨道。① 火箭为达到入轨速度需要加装大量推进剂,其结果是卫星重量仅为火箭自重的零头,不足百分之十。

第一节 太空的物理特性

太空虽位于大气层之上,但并非大气层的简单延伸,而是一个不同于大气层的别样空间,有着迥异于地球与大气层的物理特性。

一 争论不休的太空起始界线

理论上讲太空的起点始于地球大气层的终点,但对于太空下限的确切位置学界一直争论不休。20 世纪 60 年代,美籍匈牙利科学家冯·卡门(Theodore von Kármán,1881—1963 年)根据计算得出海平面以上

---

① 物体速度达到 11.2 千米/秒即第二宇宙速度(脱离速度)就可以成为围绕太阳运行的行星,达到 16.7 千米/秒即第三宇宙速度(逃逸速度)可以冲出太阳系。

100 千米（62 英里）处是卫星能够遵循轨道力学法则做绕地飞行的最低点，据此他认定地球表面上方 100 千米处为太空的起始界线，此即著名的"卡门线"。不过，地球表面的空气密度并不均匀，大气热变可以提高或降低卫星运行的最低海拔。进入 21 世纪，一些科学家利用超热离子成像仪观测到在海拔高度 100—150 千米存在一个从磁层向热层过渡的区域。由于这一区域影响着物体从航空飞行控制向航天飞行控制的过渡，他们据此把大气层与太空的分界线确定为这一过渡区域的中线。[1] 而哈佛大学天文学家麦克道威尔（Jonathan McDowell）借助数学模型，确定卫星最终离轨再入大气层的准确高度范围介于 66—88 千米。由于卫星下降到 80 千米海拔高度后基本无法逃逸，他把 80 千米海拔高度作为太空的底部边缘。[2]

实践中，太空起始界线标准也不统一。比如国际航空联合会接受"卡门线"，美苏战略武器限制谈判以 200 千米海拔高度为太空的起点，美国国家宇航局等采用 80 千米海拔高度的划定标准，美国太空军则以海平面以上 100 千米作为太空的起始界线。

二 恶劣的太空环境

太空自然环境恶劣，极冷极热且充满辐射。一方面，太空温度极低，平均温度为 -270℃ 左右；另一方面，太空的真空环境无法产生对流，没有大气与尘埃遮挡的太空物体在阳光暴晒下温度可达 100℃ 以上。太空辐射主要来自宇宙射线以及高能太阳粒子。地球磁场和大气层保护地球免受大部分太空辐射，并将带电粒子引向两极。在两极进入地球大气层的粒子上演美丽的极光秀，而被地球磁场捕获但未进入大气层的带电粒子则围绕地球赤道形成两个巨型甜甜圈一样的环形区域，即所谓范·艾伦辐射带。范·艾伦辐射带内圈距地约 500—5500 千米，高能质子多；外圈距地约 1.2 万—2.2 万千米，高能电子多；内外圈之间的带缝则辐

---

[1] L. Sangalli, D. J. Knudsen, M. F. Larsen, T. Zhan, R. F. Pfaff, D. Rowland, "Rocket-based Measurements of Ion Velocity, Neutral Wind, and Electric Field in the Collisional Transition Region of the Auroral Ionosphere", *Journal of Geophysical Research*, Vol. 114, No. A4, April 2009.

[2] See Jonathan C. McDowell, "The Edge of Space: Revisiting the Karman Line", *Acta Astronautica*, Vol. 151, 2018, pp. 668–677.

射密度较低，并可能因太阳活动活跃期内外圈重合而消失。① 此外，太空中还存在大量高速飞行的流星体和微流星体。

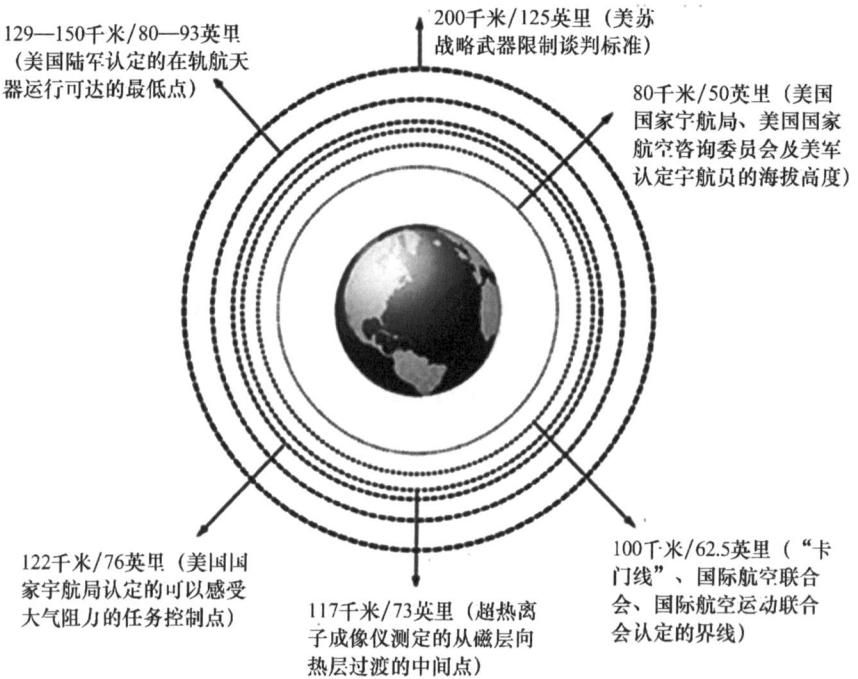

图 1-1 不同的大气层与太空分界线标准

资料来源：Bhavya Lal, Emily Nightingale, "Where is Space? And Why Does That Matter?", 2014, https://commons.erau.edu/stm/2014/wednesday/16。

在这样的环境下，卫星不仅对防寒、抗热、抗辐射的要求高，而且面临流星体和微流星体撞击的风险。如果不对卫星进行热控制，部分仪器则难以承受±100℃的高低温交变，这将严重影响卫星的正常运转。而太空辐射对卫星的危害极大，X射线能损坏或削弱卫星的太阳能电池板；高能带电粒子（带正电荷的质子和带负电荷的电子）能够击穿或损坏电子元器件；太阳风暴会引发磁暴和电离层暴等灾害性太空天气，在最坏

---

① David Wright, Laura Grego & Lisbeth Gronlund, *The Physics of Space Security: A Reference Manual*, Cambridge, MA: American Academy of Arts and Sciences, 2005, pp. 37-38.

的情况下可损坏卫星，比如2022年2月发射的49颗"星链"卫星遭遇磁暴袭击，40颗卫星报废。太阳风暴破坏力之大，以致有"太阳只要朝着错误的方向打个嗝，就会把卫星烤熟"①之说。虽然微流星体通常比导致恐龙灭绝的小行星的量级小，但由于它们非常微小、飞行速度极快且预测难度高，其作为不速之客与卫星的不期而遇更是防不胜防。1993年哈勃太空望远镜的太阳能电池板被微流星体击中，直接造成太阳能电池板报废。2022年5月，耗资近100亿美元建造的韦伯太空望远镜又遭受微流星体正面撞击，导致其C3分镜发生错位。

对人类来说，真空、强辐射、失重和骤冷骤热的太空环境更是严酷考验。在真空环境里，由于没有氧气和外部气压，人体血液和体液会像开水一样"沸腾"，同时皮肤、组织和器官也会向外膨胀。如果失去有效防护，人在15秒内就会丧失意识、在30秒内就会死亡。失去了地球大气和磁场的屏障，人体直接面对太空辐射将面临放射病、癌症、退行性疾病、中枢神经系统受损等健康风险。太空失重环境不仅会引发晕眩、恶心、呕吐等症状，长期驻留还会加剧人体内钙、磷、镁等无机盐的流失，造成骨质疏松和肌肉萎缩、红细胞质量下降等。研究表明，国际空间站宇航员的骨骼矿物质密度每个月都会流失1%—1.5%，即便他们像在地球上一样坚持锻炼也无法避免肌流失。②另外，太空温度变化非常剧烈，骤冷骤热给人的身心也带来极大考验。

随着人类活动的增加，太空的人为环境污染威胁也在上升。第一，人造电磁脉冲和辐射威胁。为探索利用太空核爆炸来摧毁来袭导弹并研究太空核爆炸所产生的电磁脉冲效应对卫星的影响，美国从1958年开始在大西洋、太平洋上空实施了一系列太空核武器试验；苏联从1961年开始在卡普斯京亚尔（Kapustin Yar）开展了一系列高海拔核爆炸试验，直到1963年《部分禁试条约》的签署美苏太空核试验历史才告终结。③太空核爆炸带

---

① Mitch Leslie, "What If the Global Positioning System Didn't Work?", *Engineering*, Vol. 5, No. 6, 2019, p. 985.

② Yuen Yiu, "High Radiation, Low Gravitation: The Perils of a Trip to Mars", *Inside Science*, July 23, 2021, https://www.insidescience.org/news/high-radiation-low-gravitation-perils-trip-mars.

③ James Clay Moltz, *The Politics of Space Security Strategic Restraint and the Pursuit of National Interests*, Stanford, CA: Stanford University Press, 2019, pp. 117-121.

来的 X 射线、伽马射线、高能中子造成附近卫星严重损坏。比如 1962 年 7 月美军实施了"海星一号"高海拔核爆炸试验,在太平洋上方 400 千米高度引爆一枚 1.4 兆吨当量的氢弹,导致 7 颗近地轨道卫星损坏,约占当时全球卫星总数的三分之一。

第二,人造太空碎片威胁。根据机构间太空碎片协调委员会的界定,太空碎片又称轨道碎片或太空垃圾,指地球轨道上或再入大气层的所有失效人造物体及其部件或碎片。① 太空碎片通常包括火箭残骸、失效卫星、太空作业带来的碎片(如宇航员滑落的工具或丢弃的垃圾)、爆炸或碰撞产生的解体碎片等。太空碎片有大有小、有轻有重,从以微米、毫克计到长数十米、重数十吨不等。在人类迈入太空时代之初,几乎没有太空碎片的困扰。随着人类太空活动的持续增加,人为太空碎片激增。根据欧洲航天局太空碎片办公室的数据,截至 2022 年 8 月,全球共成功执行约 6250 次太空发射,把约 13630 颗卫星送入地球轨道,其中约 8850 颗卫星仍驻留在太空中,约 6700 颗卫星在役。地球轨道物体总重量超过 1.01 万吨,其中直径大于 1 分米的太空碎片约 3.65 万个,直径 1 厘米—1 分米的约 100 万个,直径 1 毫米—1 厘米的约 1.3 亿个。② 就分布区域而言,由于目前人类太空活动大多发生在近地轨道与地球同步轨道之间的区域并以近地轨道和地球同步轨道为最,太空碎片因此大多集中在近地轨道、地球同步轨道,中地球轨道最少。③

---

① IADC Steering Group and Working Group 4, *IADC Space Debris Mitigation Guidelines*, IADC-02-01, Revision 2, March 2020, p. 6.

② The European Space Agency, "Space Debris by the Numbers", updated on August 11, 2022, https://sdup.esoc.esa.int/discosweb/statistics/.

③ 已知的唯一一次中地球轨道污染发生在 1963 年 5 月。由于当时美国远程通信依赖海底电缆或超视距无线电,前者有遭苏联攻击之虞;后者依赖于电离层,而电离层的保真度又容易受到太阳风暴的干扰。在"西福德项目"下,美国沿着一条距地约 3500 千米、穿过南北两极的轨道部署了 4.8 亿根长约 1.8 厘米的铜线,由于每根铜线的长度为从地球发射的 8 赫兹传输信号波长的一半,实际上把每根铜线变成了一个偶极天线,这些天线将增强远距离无线电广播。通过"西福德项目",美国希望围绕地球制造一个人为电离层,从而无须依赖瞬息万变的电离层,其目标是万一高度辐射的核环境使美国军事通信卫星瘫痪,这个人为电离层能够向全球弹射无线电波。目前仍有少量铜针留存。参见 Joe Hanson, "The Forgotten Cold War Plan That Put a Ring of Copper around the Earth", *Wired*, August 13, 2013, https://www.wired.com/2013/08/project-west-ford/。

第一章　太空的物理特性与军事利用

　　太空碎片给卫星带来巨大威胁。太空碎片运行速度通常介于3—8千米/秒，而子弹的平均飞行速度约为0.75千米/秒，因此即便是极小的太空碎片也具有极大的杀伤力，直径1厘米的太空碎片的碰撞破坏力与一辆时速40千米的小汽车的碰撞破坏力不相上下。① 1996年，法国"樱桃"电子情报卫星在约700千米海拔高度的极地轨道上与一片"阿丽亚娜-1"火箭的箭体碎片发生碰撞，是第一起公认的两个人造太空物体意外碰撞事件。② 2009年2月，美国"铱星-33"卫星与俄罗斯报废卫星"宇宙-2251"又在西伯利亚上空789千米处迎头相撞，为已知第一起卫星相撞事件。目前四分之一的近地轨道太空碎片集结在775、850、975和1500千米海拔高度的轨道上，这四个地方每年发生碰撞的概率为九十分之一到一千二百分之一。③ 通常600千米海拔高度以下的太空碎片会在二十五年内再入大气层，而880、1000、1500千米海拔高度以上的太空碎片将分别停留数十年、数百年乃至永留太空。④ 未来随着组网卫星数目动辄成百上千乃至上万的近地轨道超级小卫星星座的逐步部署，近地轨道将更为拥挤，碰撞概率也随之大幅增加。虽然中地球轨道的情况比近地轨道好得多，但也不能高枕无忧。⑤ 2021年3月，为避免与一枚"阿丽亚娜"火箭上面级残骸碰撞，欧盟"伽利略"导航卫星进行了首次中地球轨道避让操作。

　　1978年，美国国家宇航局科学家Donald J. Kessler发表《人造卫星的

---

　　① European Space Agency, "When Debris Disaster Strikes", November 18, 2021, https://www.esa.int/Safety_Security/Space_Debris/When_debris_disaster_strikes.
　　② 美国国家宇航局轨道碎片项目办公室2005年披露，在此之前的1991年12月，还发生过1起苏联"宇宙-1934"卫星与1片"宇宙-926"卫星的太空碎片在大约980千米海拔高度的碰撞事件。NASA Orbital Debris Program Office, "Accidental Collisions of Cataloged Satellites Identified", *The Orbital Debris Quarterly News*, Vol. 9, No. 2, April 2005, p. 1。
　　③ See A. Rossi, A. Petit & D. McKnight, "Short-term Space Safety Analysis of LEO Constellations and Clusters", *Acta Astronautica*, Vol. 175, 2020, pp. 476-483.
　　④ Joel R. Primack, "Debris and Future Space Activities", in James Clay Moltz ed., *Future Security in Space: Commercial, Military, and Arms Control Trade-Offs*, Center for Nonproliferation Studies Monterey Institute of International Studies, 2002, p. 18.
　　⑤ 截至2021年5月，这些位于或经过中地球轨道的物体包括331颗在役卫星、668颗退役卫星、1761枚太空碎片、1100枚火箭残骸以及161个未知物体，占美国太空军21266个编目太空物体的19%。See Ken Eppens, "Space Debris Endangers GPS", GPS World, May 25, 2021, https://www.gpsworld.com/space-debris-endangers-gps/.

碰撞频率：碎片带的产生》① 一文，预言到2000年近地轨道的太空碎片如此之多，将不可避免地发生碰撞并产生链式效应，最终使得发射新的航天器几无可能，此即著名的"凯斯勒综合征"。虽然迄今为止凯斯勒预言的噩梦尚未变成现实，但如何应对日益增多的太空碎片刻不容缓。

另外，大量地球轨道卫星和太空碎片反射或散射阳光使地球上方大部分夜空的整体亮度超过自然亮度的10%以上，超过了国际天文联合会1979年设定的光污染标准；而报废卫星在再入大气层过程中燃烧释放的氧化铝等化学物质则给地球臭氧层带来局部破坏。②

三　轨道力学基础

太空遵循航天动力学而非空气动力学的物理法则，航空飞行借由空气静力学（气球及飞艇）或空气动力学（飞机、滑翔机及直升机）原理实现，航天飞行则沿着弹道与轨道力学决定的路线行进。

轨道指卫星在引力控制下的飞行轨迹。地球卫星轨道按距地海拔高度可分为低轨道、中轨道和高轨道，按飞行方向可分为顺行轨道（与地球自转方向相同）、逆行轨道（与地球自转方向相反）、赤道轨道（在赤道上空绕地球飞行）和极地轨道（经过地球南北极上空），按形状分可分为圆形轨道和椭圆轨道。圆形轨道只有一个焦点即圆心，轨道上的每一个点与圆心的距离相等。椭圆轨道有两个焦点，轨道上的每一个点与两个焦点的距离之和相等。椭圆轨道以地球为其焦点之一，离地球最近处被称为近地点，离地球最远处被称为远地点。由于遭受地球非球形重力场、大气阻力、太阳辐射压力以及其他天体的引力等外力的影响即所谓"摄动"，卫星不会在绝对的圆形轨道上运行，而会偏离原来的轨道。

最常用的地球轨道包括近地轨道、中地球轨道、地球同步轨道三种，

---

① Donald J. Kessler & Burton G. Cour-Palais, "Collision Frequency of Artificial Satellites: The Creation of a Debris Belt", *Journal of Geophysical Research*, Vol. 83, No. A6, June 1978, pp. 2637-2646.

② See M. Kocifaj, F. Kundracik, J.C. Barentine and S. Bara, "The Proliferation of Space Objects Is a Rapidly Increasing Source of Artificial Night Sky Brightness", *Monthly Notices of the Royal Astronomical Society: Letters*, Vo. 504, No. 1, June 2021, p. L43; Aaron C. Boley & Michael Byers, "Satellite Mega-constellations Create Risks in Low Earth Orbit, the Atmosphere and on Earth", *Scientific Reports*, May 20, 2021, https://www.nature.com/articles/s41598-021-89909-7.

第一章 太空的物理特性与军事利用

地球静止轨道是倾角为0°的地球同步轨道。几乎所有围绕地球运转的卫星都位于160—3.7万千米海拔高度的区域内，但少数位于大椭圆轨道的卫星的远地点大大突破了这一范围。比如日美合作研发的地球磁尾观测卫星的远地点最远时距地140万千米。截至2022年4月底，全球在役地球轨道卫星的大致分布情况为近地轨道卫星4700颗、中地球轨道卫星140颗、大椭圆轨道卫星60颗、地球同步轨道卫星565颗。[①]

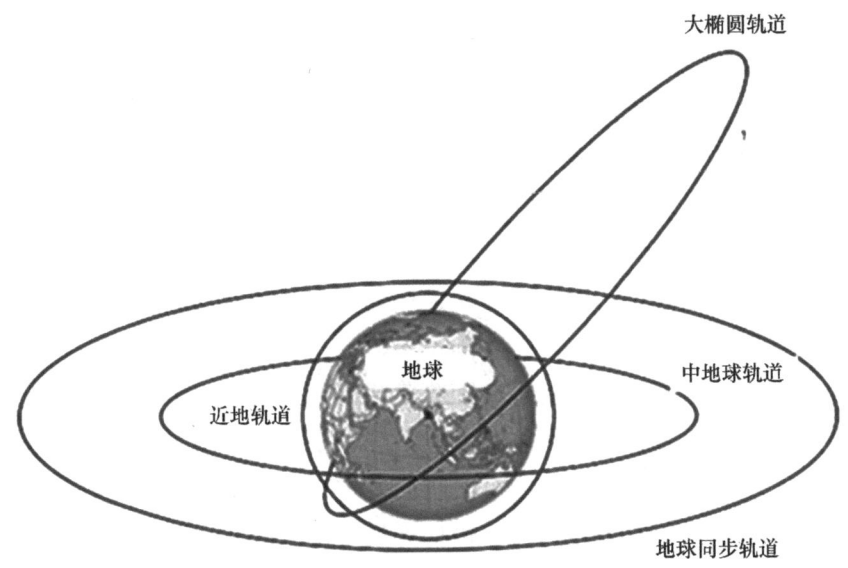

图1-2 常用地球轨道

由于地球引力的作用，所有地球轨道均位于穿过地心的平面内，卫星沿着地球轨道飞行而形成的平面称为轨道平面。轨道平面与地球赤道平面之间的夹角称为轨道倾角，地球静止轨道卫星的轨道平面与赤道平面重合，轨道倾角为0°；极轨卫星的轨道平面与赤道平面成直角，轨道倾角为90°。卫星完成一次完整轨道运行所需时间称为轨道周期，近地轨道、中地球轨道、地球同步轨道卫星的轨道周期分别为90分钟、12

---

① Union of Concerned Scientists, "UCS Satellite Database", updated April 30, 2022, https://www.ucsusa.org/resources/satellite-database.

小时和 24 小时。卫星速度不仅取决于海拔高度，而且取决于轨道形状（特别是主轴的长度）。圆形轨道卫星速度与海拔恒定，近地轨道卫星速度达 8 千米/秒，地球同步轨道卫星达 3 千米/秒；同一海拔的所有卫星无论大小飞行速度都一样，卫星所处海拔不同飞行速度也不同。椭圆轨道卫星速度介于 1.5—10 千米/秒，在海拔高时运转慢、海拔低时运转快，即在近地点飞行速度快，在远地点飞行速度慢。换言之，轨道速度与海拔高度成反比，卫星轨道越高，飞行速度越慢。无论是给卫星减速还是给卫星加速，均需改变卫星的海拔，而海拔、速度和轨道形状使得卫星轨迹可预测。

总之，由于遵守与地表和大气层完全不同的物理法则，卫星运行迥异于地面或空中物体。飞机、坦克和舰艇理论上可以向任何方向移动，可直走、逆行、转圈或"之"字形前进。目前卫星尚没有此种自由，不能随意转向，而是沿圆形或椭圆轨道运行。由于地球引力决定了卫星的运动，偏离既定轨道需要在特定轨道位置利用加速度实施机动，否则卫星将沿着同一轨迹、同一方向运转。

太空虽然广袤无垠，但地球轨道资源有限，目前能为人类所开发利用的卫星频率、地球轨道轨位资源也十分有限。太空没有空气，无法传播声音，但电磁频谱信号能以极低能耗实现瞬时远距离传播。电磁频谱是电磁辐射的波长或频率范围，包括无线电波、微波、可见光、X 射线和伽马射线等，卫星频率仅占电磁频谱的很小部分。而为了避免频率相互干扰或发生卫星碰撞，卫星或卫星星座之间需保持安全距离。卫星频率和地球轨道轨位的使用须向国际电信联盟申请并遵循"先到先得"原则。目前北美、欧洲及亚洲上方有商业吸引力的地球同步轨道轨位越来越拥挤，为后来者留下的轨位所剩无几。而随着近地轨道巨型小卫星星座部署的推进，同样的情况也会在近地轨道发生。

第二节 太空的军事利用

太空与生俱来就是一个 360°全球性领域，军事应用十分广泛。比如侦察卫星作为千里眼、顺风耳可收集军事情报；气象卫星可获取实时战场气象资料，准确把握天气形势及其发展变化；通信卫星可实现全地域、全天候、不间断通信；导航卫星则不仅可帮助部队实施快速、精确机动，还能帮助实施对敌精确打击。

一　地球轨道的军事利用

军事卫星轨道的选择主要取决于其任务。对地观测的遥感卫星应该尽可能地靠近地球，以近地轨道为宜；提供地球北半球和南半球高纬度地区通信，"情监侦"、导弹预警的卫星宜部署在大椭圆轨道；而为了扩大覆盖范围，大多数通信卫星位于地球同步轨道。当然，轨道的选择并非一成不变。比如随着技术发展，近年来近地轨道已成为众多巨型通信小卫星星座的首选。根据轨道辐射环境的不同，不同轨道卫星的防护也不同。比如500千米海拔高度以下的轨道带电粒子密度低，几乎不需要防护，适合许多卫星及所有载人航天任务。而中地球轨道海拔高度约2万千米，高能电子的密度接近或达到最大值，需要的防护最多。另外，轨道越高，受大气密度和地球引力波动的干扰越少，轨道越稳定。

表1-1　　　　　　　　地球轨道类型及特征

特征＼类型	地球同步轨道	中地球轨道	近地轨道
海拔	35786千米	2000—35786千米	160—2000千米
速度	3千米/秒	3—7千米/秒	7—8千米/秒
周期	24小时	2—23.5小时	1.5—2小时
时延	约477毫秒	27—477毫秒	2—27毫秒
全球组网所需卫星	3颗	5—30颗（依海拔而定）	数百或数千颗（依海拔而定）
优势	持续覆盖特定区域、覆盖近半个地球	稳定轨道、信号时延较低	离地球近——分辨率高、信号强且低时延

续表

特征 \ 类型	地球同步轨道	中地球轨道	近地轨道
劣势	无法覆盖两极地区，离地球远——分辨率低、信号弱、易受干扰、信号高时延	高辐射	覆盖区域小、对地球任何特定地理区域的覆盖窗口有限
应用	通信、"情监侦"、气象、导弹预警	"定位、导航与授时"、通信	"情监侦"、气象、载人航天、通信

资料来源：作者综合整理。

虽然卫星由于海拔高几乎为肉眼所不及，但其运行轨迹可以预判且无处可藏，天生就易遭受干扰和直接攻击。由于轨道力学的限制，目前在太空发动动能攻击的可行性并不高。首先，天下武功唯快不破，卫星抵达近地轨道需15分钟，抵达地球同步轨道需4—6个小时，动能攻击实效性存疑。其次，卫星改变轨道需要能量和时间。就能量而言，虽然卫星在稳定轨道上运行无须消耗能量，但因快速运转而获得较大惯性，卫星机动即改变在轨卫星轨道的大小或倾角需要时间和能量，且速度越快所需能量越大。就时间而言，只改变卫星平面的倾斜方向、不改变卫星海拔高度仅需几分钟；而改变海拔高度的机动至少需要两次点火，需要历时数小时乃至数天才能完成，比如从近地轨道爬升到地球同步轨道至少需要5个小时。考虑到距离因素，规划在轨卫星发动动能攻击必须把所需时间和能量考虑在内。在星载动力有限和尽量避免被发现的双重制约下，妥当地把在轨武器部署到适合攻击的位置常常耗时数天乃至数周之久，而在此期间形势或许已经发生变化，攻击的需要和目的也因此发生变化。[①] 另外，由于目前进入太空的成本依然高昂，利用卫星发动动能攻击效费比不高。因此，在目前的技术条件下，太空的战略价值更多的在于其收集和传输信息的能力，更适合"情监侦"和通信等任

---

① See Rebecca Reesman, James R. Wilson, *The Physics of Space War: How Orbital Dynamics Constrain Space-to-space Engagements*, The Aerospace Corporation, October 2020, pp. 4-7, 20.

务，非常不适合那些需要把大量物资和推进剂送入太空并利用动能或爆炸物发动对地攻击的任务，距离目标更近的地面或空中系统更擅长这些任务。[1]

二 向地球轨道以下、以外拓展

美军太空触角并未止步于地球轨道。在传统地球轨道越来越拥挤的背景下，随着太空技术的发展和全球月球探索的升温，为维持乃至巩固美国太空优势，美军还试图向近地轨道以下的甚低地球轨道和地球同步轨道以外的地月空间拓展。

甚低地球轨道指地球上方90—600千米海拔高度之间的区域。相对简单且经济的吸气式发动机的出现加上主动气动阻力操纵技术使得利用甚低地球轨道成为可能。在甚低地球轨道运行的通信卫星由于与地面终端的传输距离更短，不仅可以缩短时延，而且有望降低传输功率，使利用W频段等高频段成为可能。同等性能条件下，卫星从650千米海拔高度下降到160千米海拔高度，其雷达射频功率可降低64倍，其通信射频功率可降低16倍，其光学孔径直径可减少4倍。不过，大气阻力会缩短450千米海拔高度以下的卫星的寿命，需要星载推力或外力将其推得更高。[2] 利用甚低地球轨道在获得一定好处的同时，还有望对整个系统架构乃至太空部件设计带来重大影响，比如卫星的散热系统、动力系统等可能会因此大为不同。为研究甚低地球轨道的物理特性、考察电离层及气体如何影响用于通信和导航的无线电传播，美国空军研究实验室2020年启动了"精确"实验；而国防高级研究项目局的"天基自适应通信节点"项目则将尝试创建一套适应不同星间链路标准的低成本、可重置光学卫星通信终端来与近地轨道通信星座连接。

地月空间指受地球和月球引力影响的广阔区域。地球和月球之间的平均距离约为38万千米。由于地月空间轨道多位于地球磁场之外，

---

[1] Michael Krepon & Julia Thompson eds., *Anti-satellite Weapons, Deterrence and Sino-American Space Relations*, Stimson Center, September 2013, p.57.

[2] Debra Werner, "How Low Can Satellites Go? VLEO Entrepreneurs Plan to Find out", *SpaceNews*, October 5, 2021, https://spacenews.com/how-low-can-satellites-go-vleo-entrepreneurs-plan-to-find-out/.

其遭受的辐射比近地轨道更强。与地球轨道不同，地月空间轨道周期多以周、月乃至年计。由于地月空间体积巨大，物体发生碰撞的风险相对较低，但更远的距离、更长的时间尺度、月球的低反照率、太阳相对于地月系统的运动等也大大增加了探测地月空间物体的难度。在地球和月球引力的共同作用下，地月空间的运动高度混乱，地月空间物体需要频繁机动才能保持在轨道或轨迹上，其轻微机动都可能导致其未来位置和速度的巨大差异。由于地月空间物体不是静止的且很难把机动与扰动区分开来，地基传感器无法连续覆盖地月空间，传感器网络也需要异步数据收集策略，跟踪地月空间物体并不容易。[1]

绝大多数地月空间轨道并不稳定，特别有用的地月空间轨道存在于地月引力平衡处即5个拉格朗日平动点。地月第1拉格朗日点位于地球和月球连线之间且距离月球更近，距离月球约6.5万千米；地月第2拉格朗日点在地月连线的延长线上，位于月球背对地球的一侧，距离月球约6.5万千米。地月第3、4、5拉格朗日点都处于月球运行轨道上，均距地球约38.4万千米，其中地月第3拉格朗日点同时位于地月连线的延长线上，在月球对面；地月第4拉格朗日点与地月成等边三角形，领着月球围绕地球运转；地月第5拉格朗日点也与地月成等边三角形，跟着月球围绕地球运转。地月拉格朗日点及其轨道可为监视从地球轨道到月球表面的地月空间提供新的机会，特别有用的轨道包括李雅普诺夫轨道、晕轨道、大幅值逆行轨道等。李雅普诺夫轨道是航天器围绕拉格朗日点在地月系统的公转平面内形成的二维平面上的闭合轨道，位于围绕地球旋转的月球轨道平面内，地月第1、2拉格朗日点李雅普诺夫轨道分别靠近月球（相对于地球）的正面和背面，但从不环绕月球，地月第4、5拉格朗日点李雅普诺夫轨道与月球轨道首尾相接。晕轨道是航天器做垂直于地月系统公转平面的运动，且平面内运动的周期与垂直运动的周期一致而形成的三维平面上的闭合轨道，从地球看去就像月晕那样环绕着月亮，故称晕轨道，地月第1、2拉格朗日点晕轨道可以覆盖月球两极，

---

[1] See M. J. Holzinger, C. C. Chow, P. Garretson, *A Primer on Cislunar Space*, Air Force Research Laboratory, May 2021.

地月第 2 拉格朗日点晕轨道能够保持地球与月球表面的持续通信。大幅值逆行轨道能够使物体数十年乃至数百年保持在一个稳定轨道上。① 由于地月第 1 拉格朗日点和地月第 2 拉格朗日点轨道相对稳定并可不受阻挡地监视月面，美国太空军对在这两个位置的轨道部署卫星尤其感兴趣。

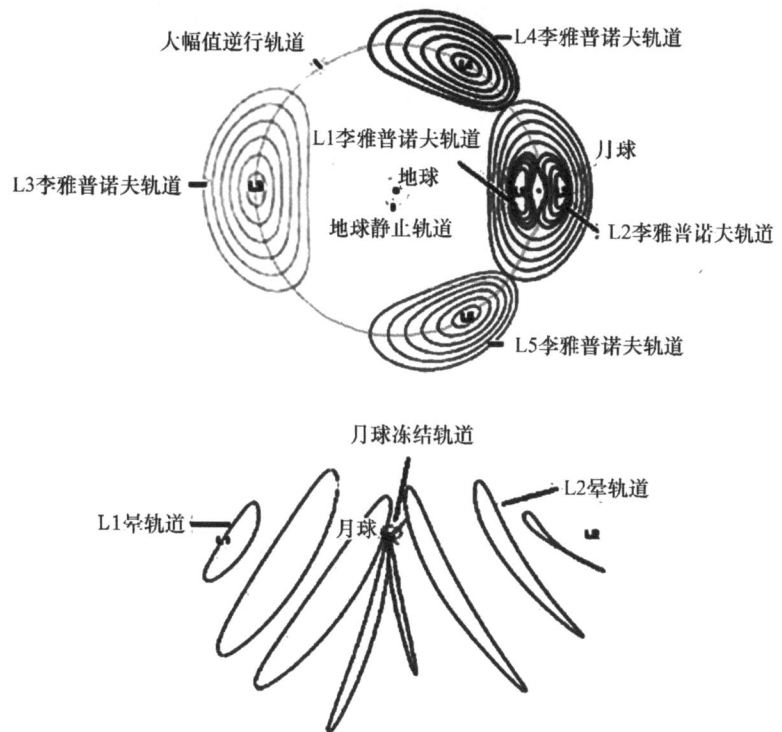

图 1-3　地月拉格朗日点李雅普诺夫轨道、晕轨道及大幅值逆行轨道等示意

资料来源：George E. Pollock I.V., James A. Vedda, *Cislunar Stewardship*: *Planing for Sustainability and International Cooperation*, The Aerospace Corporation, June 2020, pp. 2-3。

技术上，美军已经开始谋划地月空间的战略布局，研发地月空间的

---

① George E. Pollock I.V., James A. Vedda, *Cislunar Stewardship*: *Planing for Sustainability and International Cooperation*, The Aerospace Corporation, June 2020, pp. 2-3.

天域感知①、通信、核推进及导航等技术。首先，美国太空军与空军研究实验室正合作开发两个用于观测月球周围卫星活动和月球表面的天基系统，其中"地月高速公路巡逻系统"作为一颗近距离围绕月球运行的小卫星将充当监测月球周围区域的遥感平台，另一颗高机动性的实验卫星"国防深空哨兵"将验证小卫星通过先进电推进系统和紧凑型电力系统技术实现极高机动性。其次，在美军看来，现有的电和化学推进系统对于续航时间很长的深空任务来说有其缺点和局限性，核热推进系统让航天器能相对较快地在太阳系内飞行，把原来需要数月乃至数年的任务提速到只需数日或数周。为此，国防高级研究项目局推出"敏捷地月空间行动验证火箭"（简称"天龙座"）项目，试图验证一种核热推进系统，以期实现在地球与月球之间的快速移动，实现灵活、响应性机动并在地月空间及时开展天域感知行动。②

政策体制上，根据2021年1月特朗普政府发布的第7份总统太空政策指令，"全球定位系统"的应用将不再局限于地球，而将从地面服务区（从地表到3000千米海拔高度）延伸到太空服务区（从3000千米海拔高度到地球同步轨道）、再到地月空间服务区［从地球同步轨道到月球（含月球轨道）］，位于太空服务区和地月空间服务区的卫星也将依赖"全球定位系统"。③ 2022年4月，美国太空军在负责太空态势感知的

---

① 2019年10月4日，美国空军太空司令部发布备忘录，称既然太空已经被视为作战领域，与空军为争夺制空权而强调空域感知、海军为争夺制海权而强调海域感知一致，要求即刻用天域感知代替太空态势感知。从本质上讲，太空态势感知主要关心定轨、卫星目录维护和交会评估、再入、发射等具体事件的处理；而天域感知依赖太空态势感知来表征在轨行为、指示和预警、指出敌对迹象等，落脚点是感知威胁并理解潜在敌对行动，必须既有现状描述又有预判。换言之，太空态势感知是报告某物在太空某处；而天域感知更为复杂，要求观测者理解并确定让某物在太空某处的背后原因、动机。太空态势感知是民事术语，而天域感知是军事术语。See Sandra Erwin, "Air Force: SSA Is No More; It's 'Space Domain Awareness'", *SpaceNews*, November 14, 2019, https://spacenews.com/air-force-ssa-is-no-more-its-space-domain-awareness/2004; United States Space Force, *Space Power: Doctrine for Space Forces*, June 2020, p. 38; Amanda Miller, "The Gap between Earth Orbit and the Moon Is Open, Uncharted, and Undefended", *Air Force Magazine*, October 7, 2021, https://www.airforcemag.com/article/cislunar-space/.

② Theresa Hitchens, "DARPA Nuke Sat to Target Cislunar Monitoring Mission", *Breaking Defense*, April 19, 2021, https://breakingdefense.com/2021/04/darpa-nuke-sat-to-target-cislunar-monitoring-mission/?_ga=2.214171413.303730266.1618791677-431326764.1600160062.

③ The White House, *Memorandum on Space Policy Directive 7*, January 15, 2021, https://trumpwhitehouse.archives.gov/presidential-actions/memorandum-space-policy-directive-7/.

第 2 太空德尔塔部队之下成立第 19 太空防御中队，专门负责地月空间的天域感知。

历史地看，太空科学探索与太空军事利用从一开始就紧密相连、相伴而行。自 20 世纪 50 年代下半叶人类迈入太空时代以来，把地球轨道卫星用于军事目的的尝试就开始了。到 21 世纪，太空技术已经广泛运用于战略武器指挥与控制、导弹预警、地面常规军事冲突等。与此同时，太空的军事利用探索还呈现出令人担忧的从地球轨道向地球轨道以下、以外拓展的苗头。不过，就目前而言，利用地球轨道卫星为地面战争赋能仍是太空军事利用的重中之重。

第二章

美国太空军事理论

> 天权理论在哪里？最后的边疆的马汉又在哪里？
>
> ——柯林·格雷

作为世界头号太空强国，美国既是军事太空活动最活跃的国家，也是最早探索太空军事理论的国家之一。历史地看，由于艾森豪威尔政府宣称太空活动应当用于和平目标，美军关于太空军事理论的探讨在20世纪50年代后期经历了短暂高潮以后几乎销声匿迹，直到20世纪70年代下半叶随着美国的太空"避风港"立场开始动摇，对太空军事理论的探讨才重又热烈起来，并在20世纪80年代、20世纪与21世纪之交、21世纪的第二个十年迎来了三个探索高潮。

第一节 美国代表性太空军事理论

美国是太空军事理论探索最为活跃的国家。举例来说，仅2020年美国太空军《天权：太空部队条令》列举的塑造了该条令思想的作者就达24人之多，包括工程师唐纳德·考克斯（Donald Cox）和迈克尔·斯托克（Michael Stoiko）、哈佛大学教授阿什顿·卡特（Ashton Carter，1954—2022年）、哈佛大学科学与国际事务研究中心学者威廉·德尔奇（William Durch）、美国对外关系委员会太空问题专家保罗·斯泰尔斯、加州大学伯克利分校教授沃尔特·麦克杜格尔、美国空军中校大卫·E. 卢普顿、军事太空专家彼得·海斯、美国空军少校罗伯特·纽伯里（Robert Newberry）、美国俄罗斯太空史专家詹姆斯·奥博格（James E. Oberg）、兰德公司太空问题专家斯蒂文·兰巴基斯（Steven Lambakis）、美国空军大学教授埃弗雷特·C. 多尔曼、美国空军参谋长约翰·詹普尔（John Jumper）、美国空军中校斯蒂芬·惠廷（Stephen N. Whiting）、美国空军少校迈克尔·史密斯（M. V. Smith）、美国空军准将西蒙·沃登（Simon P. Worden）、美国空军少校约翰·肖（John E. Shaw）、美国海军指挥官约翰·J. 克莱恩、大规模杀伤性武器专家查尔斯·卢特斯（Charles Lutes）、乔治·华盛顿大学太空政策研究所所长斯科特·佩斯（Scott Pace）、美国空军大学教员布伦特·D. 齐亚尼克、美国空军上校特洛伊·恩迪科特（Troy Endicott）、美国海军战争学院教授琼·约翰逊-弗里茨（Joan Johnson-Freese）、美国国防部副部长马修·多诺万（Matthew Donovan）。[1] 其中大卫·E. 卢普顿的天权学说分类、埃弗雷特·C. 多尔曼的天缘政治学、约翰·J. 克莱恩的天权及太空战理论、布伦特·D. 齐亚尼克的天权普遍理论模型堪称美军太空军事理论的代表。

一　卢普顿的天权学说分类

1988 年 6 月，美国空军中校大卫·卢普顿出版《太空战：一种天权学说》，试图回答天权是否具备与空权、海权一样的军事意义以及太空军力（space forces）是否有存在的必要。[2] 其天权学说分类是美国最早的对天权学说进行系统总结的理论尝试之一。

卢普顿借鉴空权理论和马汉的海权理论，宣称其太空军事学说是一种环境性学说，即在特定环境（陆、海、空、天）的最佳用兵之道，换言之，环境性太空学说即天权学说。在他看来，天权是一种类似于空权、海权和陆权的国力要素。首先，天权是国家利用太空环境追求国家目标

---

[1] 所有职称职务均是他们发表相关著作、报告、论文或文章时的职称职务。U.S. Space Force, Space Capstone Publication, *Spacepower: Doctrine for Space Forces*, June 2020, p. 61.

[2] David E. Lupton, *On Space Warfare: A Space Power Doctrine*, p. 1.

的能力。其次，目标可以是纯军事的，比如监视数据的收集；也可以是非军事的，比如地球资源数据的收集或民事通信。再次，天权不仅包括太空军力而且包含民事太空能力，拥有这些能力的国家称为太空强国。概言之，天权是国家利用太空环境追求国家目标的能力并包括其所有的太空能力。根据这一定义，无论是否部署太空军力或军事太空系统，美国都是一个太空强国。卢普顿进而表示天权的军事组成部分由太空军力提供。太空军力可以是实施破坏性行动的能力或者为破坏性行动提供支持的能力，并包括长时间在太空作战的载人或无人航天器。根据这一定义，即便未曾在太空部署武器，目前美国也使用了太空军力。[①] 卢普顿对陆上军力（land forces）、海上军力（sea forces）、空中军力（air forces）及太空军力进行了严格的环境性学说界定，陆上军力指在陆地作战的能力，海上军力指在海面或海下作战的能力，空中军力指在空中作战的能力，太空军力指在太空中作战的能力。

卢普顿声明其天权学说分析以四大基本信念为基础，一是两个超级大国均有意维持威慑战略，只要对方的报复能力使得胜利不确定，双方都会避免核战争；二是武器技术的进展并没有人们所期望得那么快；三是攻防武器的平衡变动不居；四是各国将继续诉诸暴力手段来实现政治目标，而且这些战争手段更可能被用来对付具有相应军事弱点的国家。

卢普顿首先从太空环境的物理特性、部署和维持太空军力的后勤问题以及适用于太空的政治/法律公约出发，历数了太空军力的特征。一是受环境影响的特征，包括全球存在（太空环抱着地球，全球覆盖）、半被定位（可预测在轨物体的位置）、集结趋势（集中在近地轨道、地球同步轨道等少数地点）、远程电磁武器后果（太空核武器爆炸）、高速杀伤（高速飞行的航天器）、无边无际的作战区域等。二是受后勤影响的特征，包括后勤障碍（太空发射不易）、不可接触（一旦入轨不便维护）、缺乏人力（以无人航天器为主）、海拔/安全平衡（躲避地基威胁）等。三是受政治/法律影响的特征，包括合法的过顶飞行、航天器主权及政治上不敏感等。他认为，太空军力的独特性凸显了独立天权理论的

---

① David E. Lupton, *On Space Warfare: A Space Power Doctrine*, pp. 4-5.

必要。①

卢普顿随后根据太空军力的价值、太空战的性质、太空军力的运用、组织信念的不同，提出并剖析了"避风港""生存""高地"和"控制"四大天权学说。

表 2-1　　　　　　　　卢普顿的天权学说分类

学说类别 \ 学说特点	太空军力的价值	太空战的性质	太空军力的运用	组织信念
避风港	和平过顶飞行、降低核战争风险的能力	保持太空作为非战区	太空军力不仅要非进攻性，而且要不好战	作战与代言机构不必要且危险
生存	强调太空军力生存能力不强	"以牙还牙"	太空军力不应被作为关键作战能力来依赖，强调冗余	联合或专门作战司令部及一个司令部级别的代言架构
高地	对高地的主宰确保了对低处的主宰	相信太空中的战争有输有赢	部署天基反弹道导弹系统	成立一支作为独立军种的太空军
控制	太空军力的价值与运用空中军力及海上军力类似	太空战与空战十分相似，第一要务是夺取制天权	保护友军并使敌军不得利用太空	一个集中控制太空军力的单一作战机构，空军充当太空的代言人

资料来源：作者根据卢普顿著作内容自制。

卢普顿认为，艾森豪威尔政府确立的"避风港"学说已是明日黄花。本质上讲，"避风港"学说是一个利用太空系统的威慑价值来避免核战争噩梦变成现实的战略。随着时间的推移，太空系统支持常规地面冲突的军事价值、美苏反卫星武器的开发以及军事技术不可逆转的潮流使得曾经主导美国太空政策近二十五年的"避风港"学说已然过时。

---

① David E. Lupton, *On Space Warfare: A Space Power Doctrine*, pp. 11-16.

1982年9月、10月美国空军太空司令部的成立和《第1—6空军手册：军事太空条令》①的发布突破了"避风港"学说的信条，而1983年3月23日里根政府"战略防御倡议"即"星球大战"计划②的出台给了其最沉重的一击。"避风港"学说也许是好的，但却不是最佳的用兵之道。③

卢普顿批评"生存"学说乏善可陈。首先，"生存"学说建立在太空军力天生生存能力弱这一错误前提之上。在他看来，常规反卫星武器以及核武器对太空军力的实际威胁存疑，而且对太空兵力半被定位特性带来的脆弱性、后勤保障脆弱性以及集结带来的脆弱性的剖析表明，太空军力虽有其独特的军事特征，但其脆弱程度与其他环境的军力并无太多差别。其次，"生存"学说从太空战将会是全面战争的错误假设出发，滋生了一种报复性太空战争的信念。最后，如果没有"控制"学说的另一半即保护太空资产的能力的话，依赖地基反卫星武器支持一种拒止战略也没有多少价值。如果促使美国排除积极防御而依赖被动生存措施，"生存"学说将十分有害。④

在卢普顿看来，"高地"学说认为威慑战略存在严重缺陷，威慑战略的基本信条——对核武器不存在有效防御——不仅过时，而且沦为了抑制发展有效防御的教条。在核威慑战略下，那种认为防御性系统不利于稳定且具挑衅性的信念阻碍了对反核弹道导弹技术的探索，确保相互摧毁的进攻性概念必须为确保相互生存的防御性战略所取代。"高地"学说相信天基弹道导弹防御将大大改变攻防平衡乃至使核武器失效，即太空技术能够把核精灵重新请进瓶子里。卢普顿认为，作为一种对里根政府"星球大战"计划感到欢欣鼓舞的学说，"高地"学说是过度宣传的牺牲品，但不能因此被打发。虽然"高地"学说提出的用以替代"确保相互摧毁"的"确保相互生存"战略并不现实，但是时候以攻防平衡

---

① U.S. Air Force, AFM 1-6, *Military Space Doctrine*, October 15, 1982.
② 旨在探索利用陆基、海基、空基及天基拦截器建设一个多层导弹防御系统的技术，因美国马萨诸塞州民主党参议员泰德·肯尼迪（Edward M. Kennedy, 1932—2009年）次日称其为"误导性的'红色恐慌'战术和鲁莽的'星球大战'计划"而得名。John T. Correll, "They Called It Star Wars", *Air Force Magazine*, June 1, 2012, https://www.airforcemag.com/article/0612starwars/.
③ David E. Lupton, *On Space Warfare: A Space Power Doctrine*, pp. 29-36.
④ David E. Lupton, *On Space Warfare: A Space Power Doctrine*, pp. 38-49.

来取代偏重进攻了。①

卢普顿认为,"控制"学说是最佳太空用兵之道。借鉴马汉海权理论的分析框架,他指出太空控制是一种能够在战时使用的和平时期能力。太空控制并非要控制整个太空,而是控制特定区域(比如近地空间通道)。太空"控制"学说包含五大支柱:一是实现美国在太空无所不在所需的至关重要的后勤架构,包括航天飞机、大/小推力发射系统、空间站、空天飞机等;二是允许军事人员前往并留驻太空,总有一天需要在太空部署军事人员;三是由于在很长时间内无法实现人类在太空的普遍存在,需要天基侦察与监视系统充当地面太空指挥官的耳目来监测太空态势;四是开发太空控制武器,包括激光武器、太空巡洋舰等;五是建立运用太空军力的适当组织架构,成立集中指挥太空军力的太空司令部,待未来时机成熟时再成立太空军。②

二 多尔曼的天缘政治学

埃弗雷特·C.多尔曼长期担任美国空军大学教授,被视为美国空军大学头号太空理论家。③ 其 2001 年出版的《天缘政治学:太空时代的经典地缘政治》一书被称为第一本提出了全面天权理论的著作。④ 多尔曼宣称,在最狭义层面上,天缘政治学是 19、20 世纪全球地缘政治理论向太空的延伸,并与历史学家麦克杜格尔的《天上人间》如出一辙,是关于国家竞争的现实主义观念在太空政策上的应用,只是他试图建构的天缘政治学是一种大战略,而且是最宏大的大战略。在天缘政治学看来,地球作为宇宙的一部分诚然至关重要,但在许多情况下只是一个外围部分。多尔曼不仅描绘了天权的地缘政治学基础,而且为通过军事手段赢得太空主导权提出了建议。他表示,天缘政治学的终极贡献在于对太空

---

① David E. Lupton, *On Space Warfare: A Space Power Doctrine*, pp. 52-58.
② David E. Lupton, *On Space Warfare: A Space Power Doctrine*, pp. 71-82.
③ Matthew Burris, Major, USAF, "Astroimpolitic: Organizing Outer Space by the Sword", *Strategic Studies Quarterly*, Vol. 7 No. 3, 2013, p. 109.
④ Peter L. Hays, "Spacepower Theory and Organizational Structures", in Kai-Uwe Schrogl et al eds., *Handbook of Space Security: Policies, Applications and Programs*, 2nd Edition, Springer, 2020, p. 52.

地缘政治决定因素的全面且具启发性的理解、把现实主义假设应用于天缘政治学模型以及最终实现人类和平探索宇宙。

多尔曼表示，天缘政治学如同权力政治一样顽固而务实。它不漂亮，不令人振奋，不是其乐融融的大众布道，但它也不邪恶，其善恶只有在它被应用且被谁应用时方才显露。他提出了五个假设：一是许多关于国家军事建设的经典地缘政治理论完全契合并将表明适用于太空领域；二是这些理论最适用的部分将是根据新技术对地理位置的军力评估，此类评估曾经用于海权、铁路（陆权）及空权，也可用于天权；三是太阳系空间的特殊地形决定了高效利用太空资源的特定战术和战略；四是太空作为权力基础的概念需要对经典的，特别是德国地缘政治思想做若干修正，但很容易与作为终极国力基础的太空开发和利用相吻合；五是全面理解太空的天文力学和物理界限不仅对政治谋划者有用，于军事战略家也绝对重要。多尔曼宣称，为了使上述立场更加形象并与麦金德（Halford Mackinder，1861—1947年）和斯皮克曼（Nicholas J. Spykman，1893—1943年）的理论一脉相承，新古典主义天缘政治学的格言是："谁控制了近地轨道，谁就控制了近地空间；谁控制了近地空间，谁就主宰了地球（Tera）；谁主宰了地球，谁就决定了人类命运。"[1]

多尔曼表示，天缘政治学包含地缘战略的所有经典要素，比如李斯特（Friedrich List，1789—1846年）的后勤运输网络、麦金德的心脏地带、马汉（Alfred Thayer Mahan，1840—1914年）的战略要冲和战略性海峡与交通线、杜黑（Giulio Douhet，1869—1930年）和米切尔（William "Billy" Mitchell，1879—1936年）的重要中心及攻击通道、德·塞维尔斯基（Alexander de Seversky，1894—1974年）的球形模式以及一大批核理论家的悖论逻辑等。[2]

多尔曼认为，把太空视为一个不可分割的领域掩盖了其天文地理区域的多样性。他把从地表向外的广袤空间分成了地球、地球空间、月球空间、太阳系空间及太阳系以外的整个宇宙五大部分。其中地球包括从地表到地球大气层的区域，地球空间指从最低可用轨道到地球同步轨道

---

[1] Everet C. Dolman, *Astropolitik: Classical Geopolitics in the Space Age*, pp. 1-7.
[2] Everet C. Dolman, *Astropolitik: Classical Geopolitics in the Space Age*, p. 42.

之间的区域，月球空间指从地球同步轨道到月球轨道之间的区域，太阳系空间包括太阳系内、月球轨道以外的所有空间。太阳系空间等同于天缘政治学模型的心脏地带，而地球空间如同麦金德眼里的东欧，是天缘政治学最重要的区域。长期来看，对地球空间的控制能确保对太空外沿的控制，近期来看则可为地面战场提供优势。

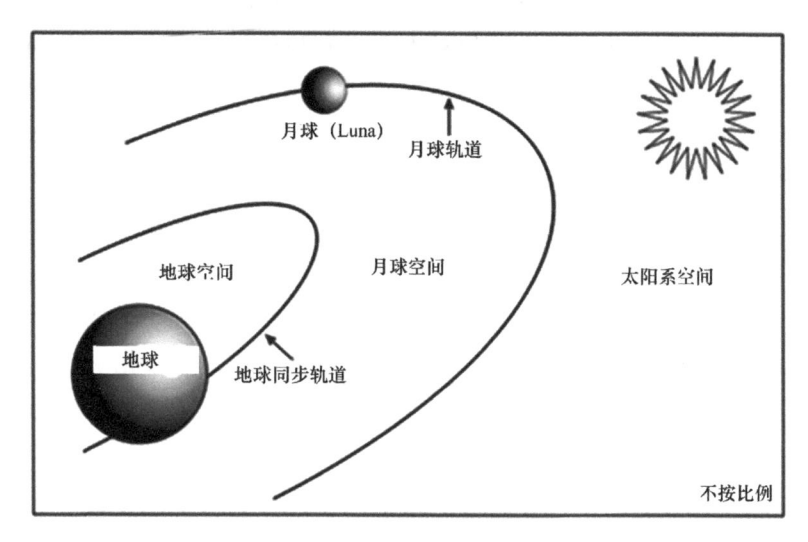

图 2-1 多尔曼的太空分区

资料来源：Everet C. Dolman, *Astropolitik: Classical Geopolitics in the Space Age*, p. 61。

多尔曼指出，太空地形并非千篇一律，初看毫无特征的太空事实上因为肉眼看不见的重力井和电磁辐射的存在而"地形"丰富，比如纵横交错的重力山脉和谷地、疏密交替的资源与能源的海洋与河流、遍布死亡射线的危险地带、航天动力学所形成的特殊之地等。对太空的主宰依靠对特定太空战略要道或沿线战略要冲的有效控制，这些特别轨道和转移轨道包括近地轨道、地球同步轨道、霍曼转移轨道①、行星、卫星、拉格朗日点以及未来军队与商业企业集结的小行星等。②

---

① 由于充分利用了天体引力产生的能量，利用霍曼转移轨道转移所用能量最小并可实现从低轨到高轨或从高轨到低轨的转移。

② Everet C. Dolman, *Astropolitik: Classical Geopolitics in the Space Age*, pp. 60-67.

多尔曼批评现存太空体制建立在太空是"全人类共同遗产"、全人类共有区域的原则之上,各国不得试图主宰太空或在太空大规模部署军事武器或开展军事活动。共同遗产和共有的观念导致了集体不作为,抑制了冷战后的太空开发,使人类止步于近地轨道,对月球、火星乃至更遥远的太空的探索停滞不前。[①]

多尔曼认为,天缘政治学要求在制定和执行政策时至少考虑六个方面:一是社会与文化,社会必须对太空探索与征服富有远见和热情;二是政治环境,国家必须高效组织起来开展大型公共技术项目(比如自给自足的空间站);三是物质环境,国家需地大物博人众,拥有足够支撑为争夺太空主导权所需的巨大人力、物力和财力;四是军事与技术,为了实现效率最大化,具备争夺太空主导权潜力的国家必须实现全军集成并最大限度利用太空控制的优势,必须专注于技术创新,必须是新应用和新技术的世界领导者;五是经济基础,国家的工业必须充满活力、技术水平高且能适应持续创新;六是理论与学说,理论和学说不只是作战计划,还是组织知识的手段和借以感知周遭世界、评估并理解现实的透镜。[②]

在多尔曼看来,由于共同遗产视角与太空控制议程不相容,美国彼时的太空战略不具战略性。他不仅表示美国如此强大应该接受美军正在建议的严酷的太空权力政治学说,而且一厢情愿地认为如果做好相应的解释工作,也许实际上几乎不存在对美国全面主导太空的既成事实的反对。为开启向天缘政治学体制的观念过渡并确保美国在可预见的未来继续处于天权最前沿,他提出了三步走的美国天缘政治学规划。第一步,退出当前太空体制并宣布在太空确立自由市场的主权原则,精心勾画并大力宣传太空探索的新黄金时代前景,突出太空探索的经济优势和衍生技术,培育民众支持;第二步,利用现有及将有能力,立即致力于夺取对近地轨道的军事控制,比如部署可以消除导弹威胁并确保太空主导权的天基弹道导弹防御系统;第三步,成立界定、区分和协调商业、民事及军事太空项目的内阁级或部级国家太空协调机构,鼓励太空探索并促

---

① Everet C. Dolman, *Astropolitik: Classical Geopolitics in the Space Age*, pp. 136-141.
② Everet C. Dolman, *Astropolitik: Classical Geopolitics in the Space Age*, pp. 145-147.

进民众支持。在他看来，这样的战略大胆、果断且具指导性，而且至少从霸主的角度来说在道德上是正义的。①

多尔曼声称，虽然人类何时、如何移居太空尚不可知，但人类的未来在宇宙。（美苏）太空竞赛结束显然令人沮丧，但天缘政治学提供了一个军事战略和一份法律—制度蓝图，几乎将立刻点燃一场新太空竞赛。天缘政治学的终极目标不是太空军事化。相反，太空军事化只是手段，是长期战略的一部分，其目标是扭转目前国际太空探索的低迷不振，并采取一种高效且利用个人及国家努力改善其处境的积极动机的方式。天缘政治学是一种旨在实现效率和财富最大化的新古典主义市场驱动路径。②

三 克莱恩的天权与太空战理论

美国海军飞行员约翰·克莱恩 2006 年出版《太空战：战略、原则及政策》一书，把英国朱利安·科贝特（Julian Corbett，1854—1922 年）的海上战略运用于太空领域。他认为，因为太空活动与海上活动具有共同的战略利益，它们可能享有共同的战争战略原则。与空权和海权理论相比，海上战略更紧密地契合广泛而多元化的太空利益，更适合用来建构太空战略框架。马汉的海权理论对陆军、海洋与其他环境的相互依赖考虑不足，在范围上海军成分多于海上成分。与马汉的《海权对历史的影响 1660—1783 年》相比，科贝特的《海上战略的若干原则》考虑到了海军与陆军的互动以及那些受海军作战间接影响的关切，提出了最佳海上战略框架及原则，更准确地反映了海上理论和战略，是思考太空战略的出发点。不过，尽管海上作战和太空作战存在战略上的相似，技术和应用的不同使得太空战战略必须有自己的语境和词典。③

克莱恩指出，太空与国力相连，太空活动可能带来影响国力的外交、经济、信息、军事后果；太空军事活动可能影响国家间财富、权力和影响的平衡。太空战与陆海空作战相互依赖，协调利用四个领域效率最高、

---

① Everet C. Dolman, *Astropolitik: Classical Geopolitics in the Space Age*, pp. 153-161.
② Everet C. Dolman, *Astropolitik: Classical Geopolitics in the Space Age*, p. 176.
③ John J. Klein, *Space Warfare: Strategy, Principles and Policy*, pp. 19-21.

效果最大。太空军力将支持并增强其他领域战争的作战行动,反之亦然。尽管太空战效果明显,但在太空、从太空及通过太空的作战很可能不能单独决定战争的结果。这不是说太空作战不会在结束冲突中发挥主导或决定性的作用,而是太空作战只会在极少数情况下单独决定战争的结果。由于太空战只是战时总体战略和组织的一部分,太空军力必须与其他军力协同作战。由于太空战与陆战、海战及空战等其他战式相互依赖,协调利用四种战式是取得成功最高效、最有效的方法。由于太空军力与其他军力的相互依赖以及支持政治目标的需要,太空战略必须致力于在和平与战争时期支持总体国家战略。①

克莱恩认为,科贝特海军战略的首要目标是控制海上通道,保卫己方海上交通线并夺取敌方海上交通线即制海权。他把科贝特理论的核心应用于太空领域,宣称太空的内在价值在于其经由太空交通线实现的功用和出入。太空交通线指用于货物、物资、给养与人员的流动、电磁信号传输及特定军事效果的在太空及通过太空的交通线;而太空交通不仅涉及与太空交通线相伴随的货物、物资、给养与人员的流动、电磁信号传输及特定军事效果,而且包含这样做的手段。因此,太空交通指进入太空、从太空及通过太空的所有通行活动,而太空交通线指用于这些活动的路线。通过确保进入太空交通线,国家能够捍卫其外交、经济、信息及军事利益。由于确保进入并利用太空交通线至关重要,太空战的首要目标是在保护己方使用太空交通线的同时限制敌方使用太空交通线的能力。②

克莱恩赞成制天权(command of space)。在他看来,制天权既包含在需要支持国家权力工具(外交、经济、信息和军事)时确保己方进入并利用太空交通线的能力,也包含预防并阻止敌方进入并利用太空交通线的能力或至少使敌人进入并利用太空交通线所带来的严重后果最小化的能力。由于制天权意味着在需要的时间和地点使用太空交通线的能力,它具有一定相对性。制天权可分为普遍的、局部的或持续的、暂时的。即便是获得了最高级别的普遍而持久的制天权,敌方也并非无能为力。

---

① John J. Klein, *Space Warfare*: *Strategy*, *Principles and Policy*, pp. 49-50.
② John J. Klein, *Space Warfare*: *Strategy*, *Principles and Policy*, pp. 51-52.

第二章　美国太空军事理论

因此，制天权争夺是常态。

克莱恩指出，虽然制天权纳入了与控制太空交通线类似的思想，但其内涵比太空控制更丰富。制天权是一个更为微妙的概念并包含了敌对行动以外的手段，可以通过存在、胁迫和武力获得。在相对和平时期，国家、机构或团体通过广泛开展各种太空活动，可以在塑造国际条约、规章及被接受的习惯法上发挥突出作用，即通过存在获取制天权，比如美苏没有批准部分国家主张对其国土上方地球同步轨道宣示主权的《波哥大宣言》，导致《波哥大宣言》没能被普遍接受。胁迫是在不存在公开敌对行为的背景下明确或隐晦地以损害行为相威胁的结果，存在是胁迫的前提条件并影响胁迫的效果。太空胁迫可以外交、经济或信息三种手段实施，外交手段的胁迫以国际协定等允许的形式进行，经济胁迫包括拒绝提供发射、卫星制造服务以及关键太空技术等，信息胁迫依赖利用天基通信传播与敌方相反的观点。通过武力夺取制天权指采取公开敌对活动，包括在战争的战略层面上的进攻行动或者在开展局部进攻行动的同时在别的地方保持战略防御态势。①

克莱恩认为，由于没有明确或隐晦地回应外交及经济关切，"避风港""生存"和"高地"学说在战略思想上都存在严重局限，对制定太空战战略来说是不够的。"控制"学说虽最有前途，但它对太空利益和活动的思考过于狭隘，没能提出理解太空战复杂性的原则与概念。② 他还讨论了攻防战略、战略要冲、封锁、太空作为一个屏障、分散与集结等议题，比如他指出封锁是阻止对手利用其太空交通线，从而使其不能调动航天器、装备、物资、供给、人员、军事效果、数据及信息；太空军力及系统通常应该分散以尽可能覆盖最广泛的区域，同时应该具备快速集结军力及效能的能力。最后，他提出了诸多政策建议，比如支持当前法律体制，在合适的时间、合适的地点武器化，纳入更多的防御性战略，强调把分散作为一种普遍做法，创建一个独立的太空军种并最终建立一所太空战学院等。③

---

① John J. Klein, *Space Warfare: Strategy, Principles and Policy*, pp. 60-68.
② John J. Klein, *Space Warfare: Strategy, Principles and Policy*, pp. 130-133.
③ John J. Klein, *Space Warfare: Strategy, Principles and Policy*, pp. 142-152.

如果说《太空战：战略、原则与政策》一书主要试图为具备争夺制天权能力的强国制定太空战原则的话，克莱恩 2019 年出版的《理解太空战略：太空战的艺术》在前者的基础上再进一步，试图为新兴太空国家、中等太空国家和太空强国量身定制不同的太空战略执行框架。在他看来，加拿大、沙特阿拉伯等新兴太空国家可以自主研制、维护并控制卫星，但没有独立的卫星发射能力；欧洲航天局、日本、印度、以色列等中等太空国家或国家集团拥有自主发射、研制和控制卫星的能力，但没有任何自主载人航天能力；中国、俄罗斯和美国等太空强国则除了拥有中等太空国家的太空能力之外，还拥有自主的载人航天能力。据此，克莱恩为三类国家或国家集团提出了三种相应战略：新兴太空国家最合适的战略是循序渐进战略和间接战略，应避免任何可能导致对其军队致命打击的情形；中等太空国家虽想要独立行动，但受制于物资与财政资源，其战略应该以继续保持塑造近期国际安全环境的影响力为目标；为实现政治目标，太空强国应该平衡使用进攻性和防御性战略，开展从小规模摩擦到大规模冲突的所有紧急事态规划，并实施全域作战、协同利用陆海空天网军力。[1]

四　齐亚尼克的天权普遍理论模型

2015 年，美国空军大学空军指挥与参谋学院教员齐亚尼克出版《建设太空国力：一个理论模型》一书，试图提出一个描绘如何发展天权的普遍理论模型以及一个有助于培育并建设国家天权的执行战略。[2]

齐亚尼克认为，天权理论还是一个相对较新的领域，既有理论模型还存在或多或少的不足。通过借鉴马汉和熊彼特的思想，他宣称其天权普遍理论模型不仅试图纠正此前理论模型的错误，而且通过把过去、现在以及未来太空活动纳入分析之中，试图描绘任何时代为任何目的的太空活动。具体来讲，其天权普遍理论模型试图达成五个目标：太空活动的全面性、时间的普适性、描述性、指导性（即"开药方"）以及弥合军事现实主义与太空迷的未来主义之间的差距。他表示，天权普遍理论

---

[1] See John J. Klein, *Understanding Space Strategy: The Art of War in Space*, 2019.
[2] Brent Ziarnick, *Developing National Power in Space: A Theoretical Model*, pp. 5–6.

模型可用于任何太空组织，无论是作为整体的人类、民族国家、联盟、公司、政府机构还是恐怖主义集团。①

借鉴美国海军战争学院教授霍尔姆斯（James R. Holmes）和吉原俊井（Toshi Yoshihara）对马汉海权理论的解读，②齐亚尼克把天权普遍理论模型分解为"天权的语法"（天权的构成）和"天权的逻辑"（天权的应用）两个天权三角，即语法三角和逻辑三角。他表示，"天权的语法"是泥瓦匠的艺术，属于手段的范畴；"天权的逻辑"是战士的艺术，关乎目的与方法。在语法三角中，天权要素（生产、运输和殖民地）作为一个系统构成在特定太空区域采取若干行动的能力，要素基点向上流动到达顶点"进入"，表示天权发展的目标。在逻辑三角中，顶点"能力"向下流动到应用基点，并转换为增强经济、军事和经济能力的特定天权，能力是所有应用的天权的源泉。语法三角和逻辑三角通过至关重要的"进入"和"能力"概念相连。"进入"是把某一要素置于特定太空区域的能力，天权实体所有"进入"的总和以及为任何目标利用此总和的意图即"能力"，"进入"与"能力"把语法三角和逻辑三角连接为一个完整又平行的天权模型。③

借鉴熊彼特《经济发展理论》，齐亚尼克提出建设天权的五条路径。一是通过太空研发（指硬件）提供新产品，即消费者还不熟悉的产品；二是通过其他行业的技术、知识与创新的溢出效应，采用在太空部门中尚未通过验证的新方法，其本身未必是新发现；三是开辟新市场，只要是本国刚刚涉足的市场，无论新旧都是新市场；四是夺取新供应源，无论是新的还是已有的都是新供应源，比如近地空间太空资源；五是创造新太空企业组织形式，比如以太空探索技术公司为代表的"新太空"的兴起。④

---

① Brent Ziarnick, *Developing National Power in Space: A Theoretical Model*, pp. 9-13.
② 根据他们的分析，马汉海权理论包含两杆三叉戟。一杆三叉戟（逻辑三叉戟）包含商业、政治、经济三个叉，另一杆三叉戟（语法三叉戟）包含商业、基地与舰艇三个叉，海权逻辑三叉戟驱使政府为商业目的而寻求进入，海权语法三叉戟意味着借助军事力量支持进入，商业和贸易构成了两杆三叉戟之间的主要衔接点。James R. Holmes and Toshi Yoshihara, "Mahan's Lingering Ghost", *U. S. Naval Institute Proceedings*, Vol. 135, No. 12, December 2009, pp. 40-45.
③ Brent Ziarnick, *Developing National Power in Space: A Theoretical Model*, pp. 13-33.
④ Brent Ziarnick, *Developing National Power in Space: A Theoretical Model*, pp. 39-47.

主宰终极高地：美军太空作战探索

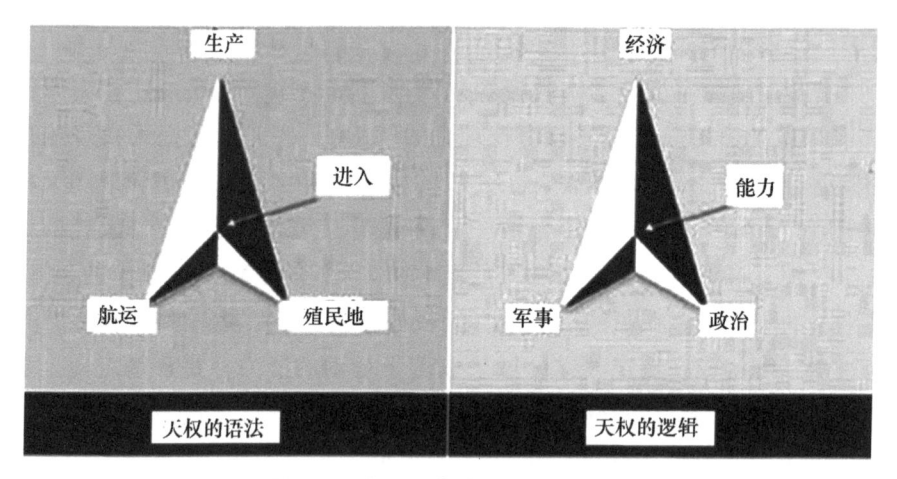

图 2-2　齐亚尼克的天权三角模型

资料来源：Brent Ziarnick, *Developing National Power in Space: A Theoretical Model*, pp. 16, 25。

　　齐亚尼克认为美国存在"冯·布劳恩愿景""萨根愿景""奥尼尔愿景""格雷厄姆愿景"四大太空开发愿景。"冯·布劳恩愿景"以火箭专家冯布劳恩（Wernher von Braun，1912—1977 年）的名字命名，关键词是插旗、留脚印与技术征服，指采用政府主导、任务导向的方法把太空项目瞄准一个总目标并分步实现，比如设定 70 个人对火星表面进行为期 443 天的探索的任务目标，然后通过研制用以建设空间站的可重复使用航天飞机、在空间站建造火星探测器、宇航员乘坐探测器前往火星探索并返回，任务即宣告完成。"萨根愿景"以天文学家卡尔·萨根（Carl E. Sagan，1934—1996 年）的名字命名，关键词是科学、探索与"暗淡蓝点"（即地球），指利用自主无人探测器探索太阳系并避免代价高昂的载人航天，除开展科学探索活动以外保持太空的原始状态，让人类安全地留在地球上，让无人探测器去探索太空（极其有限的载人航天活动）。"奥尼尔愿景"以麻省理工学院教授、空间站设计先驱奥尼尔（Gerard K. O'Neill，1927—1992 年）的名字命名，关键词是产业、殖民地与自由，目标是把太空变成人居环境，让上百、然后成千上万的人在太空生活、工作、相爱并养育家庭，直至把太空变成人类宜居之所而非单纯的有趣造访之地，个人拥有决定自己命运及共同或独自努力实现其太空梦

— 42 —

的自由，政府发挥支持而非主导作用。"格雷厄姆愿景"以美国陆军中将格雷厄姆（Daniel O. Graham，1925—1995年）的名字命名，关键词是高边疆，是一种地缘政治现实主义的太空开发愿景，指国家利用太空实现建设经济、增强防务及确保公众太空福祉的自身利益。齐亚尼克认为，多尔曼的天缘政治学是"新格雷厄姆主义"。①

展望未来，齐亚尼克认为2053年的太空战存在"太空珍珠港""夺占高地""上帝之锤"和"在乔家吃饭"四种场景，两种地面冲突性质、两种行星防御性质。其中"太空珍珠港"指针对地球上的对手的先发制人攻击，将考验部队保卫并及时补充太空资产以避免国家失败的能力；"夺占高地"指为了维持天基"美国治下的和平"，美国太空部队被要求从军事上控制近地轨道并对地球进行警戒封锁，以阻止对手在太空采取敌对活动；"上帝之锤"指小行星撞向地球、地球和人类文明有毁灭之虞；"在乔家吃饭"指外星人入侵，即可能对地球充满敌意的地外智慧生命正在前往地球的路上。②

齐亚尼克为美国提出了三大建议：技术上由于化学燃料火箭改进空间有限，发展核动力（核热推进或核脉冲推进）火箭以满足行星际旅行所需；行动上奉行和平的战略性进攻战略，即通过拓展太空商业而非付诸武力来获得政治、军事好处及国家优势；组织上打造太空军三角，成立太空战争学院、太空军总委员会及太空军学院。太空军三角各司其职，太空战争学院专注于天权问题的高级研究、高级太空军领袖的培养以及先进天权思想的战争模拟，负责建设太空军文化并把美国推上建设成熟天权之路；由中高级军官组成的太空军总委员会既需适当考虑太空战争学院提出和演练的思想并适时建议太空作战部队采纳，又需思考太空作战部队提出的问题并指示太空战争学院开展必要研究，负责维持现代化与当前作战的适当平衡；太空军学院培养青年太空军人才，负责建设太空军共同体。③

---

① Brent Ziarnick, *Developing National Power in Space：A Theoretical Model*, pp. 66-74.
② Brent Ziarnick, *Developing National Power in Space：A Theoretical Model*, pp. 202-220.
③ Brent Ziarnick, *Developing National Power in Space：A Theoretical Model*, pp. 224-241.

第二节　美国太空军事理论的特点

美国太空军事理论具有深刻的美国特色。第一，美国太空军事理论为军方所主导。一方面，从人员构成看，美国天权理论探索队伍中除少数高校及智库研究人员以外，大部分是有丰富实战经验的现役或退役军人，并对美军太空战略发挥重大影响。比如史密斯曾在科索沃"盟军[①]行动"、阿富汗"持久自由行动"期间担任美军高级将领的参谋，在"伊拉克自由行动"中担任五角大楼战略规划委员会首席空权及天权参谋；有的担任高级将领，如詹普尔曾任美国空军参谋长、多诺万曾任美国国防部副部长；有的长期担任军校教员，比如多尔曼曾先后担任美国空军大学高级空天研究学院教授、空军指挥与参谋学院"施里弗太空学者项目"研究部主任。另一方面，军方还直接资助天权理论研究项目，比如詹姆斯·奥博格1999年出版的《天权理论》一书可追溯到1997年美国太空司令部司令埃斯蒂斯三世（Howell M. Estes III）的委托，2011年由美国国防大学出版社出版的《迈向天权理论：论文选集》是五角大楼在准备2005年《四年防务评估报告》过程中委托美国国防大学开展的天权理论研究的最终成果。

第二，美国太空军事理论的建构更多地基于类比、想象而非经验证据。由于人类尚未在太空发生战争，美国太空军事理论倚重马汉、科贝特、杜黑、米切尔等海权、空权理论家的著作和思想，并广泛借鉴制海权、制空权、海上交通线、陆海相互依赖、战略据点、分散与集结等概念，有的被直接纳入天权理论中，有的则稍加修正。另外，随着太空技术的进步和太空商业部门的崛起，经济学家熊彼特的创新理论也为天权理论家所用。

---

① 作为美军语境下的军事术语，"combined"指（正式）盟友（Allies）及（临时）盟友（coalition），"joint"指美国各军种，"combined forces"译为"联盟部队"或简称"盟军"，"joint forces"译为"联合部队"或简称"联军"，下同。Sydney J. Freedberg Jr. and Theresa Hitchens, "Army, Air Force Get Serious on JADC2: Joint Exercises in 2021", *Breaking Defense*, October 9, 2020, https://breakingdefense.com/2020/10/army-air-force-get-serious-on-jadc2-joint-exercises-in-2021/.

第三，美国太空军事理论批判与继承、共识与分歧并存。海斯批评，美国天权理论过于倚重大英帝国皇家海军和美国海军的经验以及在单一领域实施军事行动，尤其是运用马汉的海权战略并试图打一场决定性战役，向大陆性海权学说倾斜将更契合当前太空——特别是在极易遭受地面攻击的近地轨道——作战的特征；以后随着太空能力的成熟、太空资源冲突加剧以及发生大规模、高度机动的太空（特别是在更高轨道及地月空间）战斗的可能性的增加，重新向马汉及其他蓝水海权理论家倾斜将更为合适。[1] 就共识而言，奥博格、史密斯都一致声称太空武器化不可避免，多尔曼甚至声称太空军事化和武器化不仅是历史事实，而且是持续的进程；而克莱恩和齐亚尼克都建议成立太空战争学院。就分歧而言，多尔曼建议美国退出现存太空体制，克莱恩则主张支持现存体制。

第四，美国太空军事理论既为政策背书，也批评政策或为政策建言。比如 1988 年 2 月里根政府的《国家太空政策》总统指令首次把太空控制——拥有确保［美国］太空行动自由的能力——确定为美国国防部的正式任务，卢普顿随后表示如果美国希望保持太空强国地位，必须具备控制太空的能力。多尔曼"把曾经试图获得世界大部分地区霸权的最善意的国家置于太空的护卫队的地位"[2] 的表述也与小布什政府自命的"善意的霸权"相互呼应，而卢普顿、克莱恩关于成立太空军、齐亚尼克关于开发核动力火箭的建议最终都变成了现实和政策。

第五，美国太空军事理论为美军太空作战条令提供了丰富的理论滋养。早在 1988 年，卢普顿就提出了最早的关于美国天权学说的分类，随后奥博格等人继续推进天权研究，而美军直到 2002 年才对天权作出正式界定。此后克莱恩提出的不可能实现彻底、永恒太空控制的观念为美国参联会 2018 年版《联合出版物 3—14：太空对抗作战》所接受；从广义上对天权进行界定也为美国太空军 2020 年发布的《天权：太空部队条令》所采纳，该条令罗列的对其思想发挥重要影响的最早的一本书，即

---

[1] Peter L. Hays, "Is This the Space Force You're Looking For? Opportunities and Challenges", in Benjamin Bahney ed., *Space Strategy at a Crossroad: Opportunities and Challenges for 21st Century Competition*, Center for Global Security Research, Lawrence Livermore National Laboratory, May 2020, p. 19.

[2] Everet C. Dolman, *Astropolitik: Classical Geopolitics in the Space Age*, p. 155.

唐纳德·考克斯、迈克尔·斯托克1958年出版的《天权：对你意味着什么》一书，距今已有75年。虽然理论未必直接转化为条令，但理论家们的潜移默化作用不可否认。

  第六，美国太空军事理论超前性和霸权色彩浓厚。虽然目前并未在太空中发生战争，多尔曼等人已经在构想未来的宇宙作战及深空战，并由于过于超前而显得脱离实际。对此，英国莱切斯特大学太空战略家博文（Bleddyn E. Bowen）隐晦地表示，类比蓝水海权而非大陆海权构建行星际空间的天权理论是23世纪马汉的任务。① 与此同时，美国太空军事理论多以维持和巩固美国太空霸权为目标。博文指出以多尔曼为首的美国理论家从其根深蒂固的太空技术、军事、经济领导者立场出发，借鉴英美蓝水海权理论对太空战略和天权持一种更加帝国主义的心态，体现的是一种美国中心和美国霸权视角，不具有普适性。他批评这种太空霸权观抹杀了其他太空行为体的能动性和历史②，多尔曼更是把权力政治的逻辑推向极致。③

---

  ① Bleddyn E. Bowen, *War in Space: Strategy, Spacepower, Geopolitics*, Edinburgh University Press, 2020, p. 280.
  ② Bleddyn E. Bowen, *War in Space: Strategy, Spacepower, Geopolitics*, pp. 31-32.
  ③ Bleddyn E. Bowen, *War in Space: Strategy, Spacepower, Geopolitics*, p. 75

第三章

美军太空作战条令

> 战争的核心在于条令。条令代表了为取得胜利而发动战争的中心信念。条令……是战略的建筑材料,是明智判断的基础。
>
> ——柯蒂斯·E. 梅

根据美军官方定义,条令是指导美军为共同目标协调行动的基本原则,包括术语、"战术、技术与程序"等。作为行动指南,条令是建议而非死板原则。条令虽具权威性,但并不规定特定做法,需在应用中做判断。美军条令分军种条令、联合条令和多国条令三类以及基本条令、作战条令和战术条令三个层级。就前者而言,军种条令指美军各军种颁布的条令,联合条令指美国参谋长联席会议(简称美国参联会)颁布的条令,多国条令指美国与盟军之间达成的原则、组织和基本程序,如北约发布的条令等。就后者而言,基本条令阐述那些描述并指导恰当使用和组织部队的最基本、最持久信念。作为所有条令的基础,基本条令为未来制定作战、战术条令设定基调和愿景,变化相对缓慢。作战条令指导在不同目标、军力、功能领域与作战环境的背景下恰当组织和使用部队,并明确任务重点。作战条令比基本条令变化快,但通常只有经过军种内部审慎辩论之后才会更新。战术条令描述如何恰当运用特定资产达成具体目标即所谓"战术、技术与程序"。由于战术条令与技术、新兴战术的运用紧密相连,其变更速度较其他条令更快。由于其敏感性,许多战术条令是保密的。①

第一节 美军太空作战条令的演进

作为美军太空事务的长期主导者，美国空军顺理成章地成为美军太空条令探索的先行者。为了把太空事务主导权纳入其麾下，美国空军专门新造了"空天"（aerospace）一词来囊括地表以外的作战环境，并长期在空天、空与天之间左右摇摆，直至进入21世纪的第二个十年，太空才最终被确立为一个独立的物理领域。总体上看，美军独立的太空条令探索历程漫长而曲折，并经历了从太空基本条令向太空作战条令的演进。

一 太空独立地位的缓慢确立

美国空军关于太空条令的第一份官方表态和最重要声明来自美国空军第四任参谋长托马斯·怀特（Thomas D. White, 1901—1965 年）。1957 年 11 月 29 日，怀特在国家记者俱乐部发表题为"站在太空时代的黎明"的演讲，提出了两大影响深远的信条：谁拥有控制太空的能力谁就将同样拥有对地球表面施加控制的能力；空和天本身并没有分界线，空和天是不可分割的作战领域。② 1959 年 12 月发布的《空军手册 1—2：美国空军基本条令》宣称空天是地表以外全部无垠空间的不可分割的作战领域。③

1964 年版《空军手册 1—1：美国空军基本条令》把"空天"限定为"包括大气层和临近空间的地球表面以上的区域"④，1971 年版《空军手册 1—1：美国空军基本条令》把"空天"扩展为"包含大气层和太空的地表区域"⑤，1975 年版《空军手册 1—1：美国空军基本条令》把

---

① See Curtis E. LeMay Center for Doctrine Development and Education, *A Doctrine Primer*, October 8, 2020.

② Thomas D. White, "At the Dawn of the Space Age", *The Air Power Historian*, Vol. 5, No. 1, 1958, pp. 16–17.

③ U.S. Air Force, AFM 1-2, *United States Air Force Basic Doctrine*, December 1, 1959, p. 6.

④ U.S. Air Force, AFM 1-1, *United States Air Force Basic Doctrine*, August 14, 1964, p. 2-1.

⑤ U.S. Air Force, AFM 1-1, *United States Air Force Basic Doctrine*, September 28, 1971, p. 2-1.

"空天"简短定义为"地表以上区域"①,1979 年版《空军手册 1—1:美国空军功能与基本条令》仍然把"空天"定义为"地球表面以外的整个无垠区域"②。20 世纪 80 年代和 90 年代初,美国空军高层一度默认了空与天两个领域的差别:1982 年版《空军手册 1—6:军事太空条令》明确把太空定义为"一个分立的领域"③;1984 年版《空军手册 1—1:美国空军基本空天条令》在把"空天"定义为"地球表面以外的整个无垠区域"的同时,把太空界定为空天作战领域的外层。④ 随后美国空军倒拨时钟,回到 20 世纪 50 年代末的立场。1992 年版《空军手册 1—1:美国空军基本空天条令》再次把"空天"描述为空与天之间没有绝对界限的"不可分割的整体"。⑤ 1998 年、2001 年版《空军条令文件 2—2:太空作战》虽然承认空与天存在物理差异,但仍然强调空天无法分割。2001 年版《空军条令文件 2—2:太空作战》甚至以 1957 年美国空军参谋长怀特"空与天之间没有分界线,空与天是不可分割的作战领域"为引言。随着 2006 年版《空军条令文件 2—2:太空作战》把太空定义为"一个与陆海空网类似、军事行动发生其间的领域";⑥ 2012 年版《空军条令文件 3—14:太空作战》把太空定义为"一个与陆海空网类似、具备影响其间作战方式的独有特征的领域";⑦ 以及美国参联会 2018 年版《联合出版物 3—14:太空作战》把太空领域定义为"大气对航空物体的影响变得可以忽略不计的海拔高度以上的区域,如同陆海空领域,太空是一个军事、民事及商业活动在其中开展的物理领域";⑧ "太空"最终被确认成一个独立的物理领域。

---

① U. S. Air Force, AFM 1-1, *United States Air Force Basic Doctrine*, January 15, 1975, p. 2-1.
② U. S. Air Force, AFM 1-1, *Functions and Basic Doctrine of the United States Air Force*, February 14, 1979, p. 2-1.
③ U. S. Air Force, AFM 1-6, *Military Space Operations*, October 15, 1982, p. iii.
④ U. S. Air Force, AFM 1-1, *Basic Aerospace Doctrine of the United States Air Force*, March 16, 1984, pp. 2-2.
⑤ U. S. Air Force, AFM 1-1, *Basic Aerospace Doctrine of the United States Air Force*, March 1992, p. 5.
⑥ U. S. Air Force, AFDD 2-2, *Space Operations*, November 27, 2006, p. 3.
⑦ U. S. Air Force, AFDD 3-14, *Space Operations*, June 19, 2012, p. 4.
⑧ U. S. Joint Chiefs of Staff, JP 3-14, *Space Operations*, April 10, 2018, p. I-2.

美军天权概念演进历史与太空定义的演进历程相似。在 1959 年美国空军发布《空军手册 1—2：美国空军基本条令》之后的近半个世纪里，尽管偶有细微变化，美国空军基本条令长期沿用"空天权"（aerospace power）的统一定义。1982 年版《空军手册 1—6：军事太空条令》把天权界定为"空权发展演进的自然延伸"①。1998 年版《空军条令文件 2—2：太空作战》宣称天权是"空天权不可或缺的一部分"，并把天权界定为"在和平与战争时期利用民事、商业、情报及国家安全太空系统及相关设施支持国家安全战略和国家目标的能力"②。2002 年，美国空军用"空与天权"（air & space power）取代"空天权"一词，空权和天权首次被视为独立的军力。③ 2006 年版《空军条令文件 2—2：太空作战》把天权界定为"国家为实现其目标实施并影响向太空、在太空、通过太空及从太空活动的能力的总和，天权作为赋能器和兵力倍增器应该贯穿联合作战始终"④。2011 年，美国空军抛弃了天权条令重回统一空权定义，再次把太空作战置于更大的空权框架之下，此后 2012 年版《空军条令文件 3—14：太空作战》、2018 年版《太空对抗作战》中均没有出现天权的表述。

美国参联会 2002 年、2009 年版太空作战联合条令把天权界定为"国家为实现其目标实施并影响向太空、在太空、通过太空及从太空活动的能力的总和"。⑤ 2018 年版太空作战联合条令的术语表中虽然出现了天权一词，却注明"无，获准从国防部词典中删除"。直到 2020 年 6 月，美国国防部发布《国防太空战略概要》，天权被定义为"一国在和平与战争时期利用太空开展外交、信息、军事和经济活动以实现国家目标的能力的总和"，并出现了 15 次之多。同月，美国太空军首部基本条令直接以天权命名，并把天权提升为与陆权、海权、空权及网权平起平

---

① U. S. Air Force, AFM 1-6, *Military Space Operations*, October 15, 1982, p. 1.
② U. S. Air Force, AFDD 2-2, *Space Operations*, August 23, 1998, pp. 6, 32.
③ See Major M. V. Smith, USAF, *Ten Propositions Regarding Spacepower*, Fairchild Paper, Maxwell AFB, AL: Air University Press, October 2002; Major Kenneth Grosselin, "A Culture of Military Spacepower", *Air & Space Power Journal*, Vol. 34 No. 1, 2020.
④ U. S. Air Force, AFDD 2-2, *Space Operations*, November 27, 2006, p. 1.
⑤ U. S. Joint Chiefs of Staff, JP 3-14, *Joint Doctrine for Space Operations*, August 9, 2002, p. GL-6; JP 3-14, *Space Operations*, January 6, 2009, p. GL-9.

坐的军力的独立组成部分。不过美国参联会2020年版太空作战联合条令依然没有出现天权一词。

二　美军太空条令的发布历程

太空作战的概念最早出现在1971年版《空军手册1—1：美国空军基本条令》中，条令把太空作战界定为包括太空控制、力量强化和太空支援等在内的一系列活动。[1] 1979年版《空军手册1—1：美国空军功能与基本条令》显著扩展了太空在空军基本条令中的讨论，并列出了保护美国空军对太空的利用、强化陆海空兵力、保护美国免遭在太空和来自太空的威胁三大太空作战责任以及太空支持、太空强化和太空防御三种太空作战行动。[2]

1981年4月，为帮助美国空军厘清太空思维，美国空军学院主办了一场246人与会的重磅军事太空条令研讨会，并分3个小组就美国太空作战条令、美国太空组织条令、苏联/国际太空作战和组织条令展开讨论。1982年10月15日，美国空军发布第一部官方军事太空条令《空军手册1—6：军事太空条令》，奠定了"制定详细太空作战条令的基础"。[3] 除了在前言中引用美国空军参谋长加布里埃尔（Charles A. Gabriel，1928—2003年）"太空是终极高地"的断言外，条令提出天权的三大作用是提高美国安全、维持美国太空领导地位、维护太空作为一个各国增进安全和人类福祉的地方；明确太空部队的五大军事目标是维护利用太空的自由，提高军队效能、战备及生存能力，保护国家资源免遭在太空或通过太空实施的威胁，防止太空被对手用作进攻性系统的避风港，利用太空开展行动以推进军事目标；此外条令还罗列了力量强化、太空支持两种当前任务以及用于威慑的天基武器、天对地武器（力量应用）、太空控制与优势三种可能任务。[4]

---

[1] U. S. Air Force, AFM 1-1, *United States Air Force Basic Doctrine*, September 28, 1971, p. 2-4.

[2] U. S. Air Force, AFM 1-1, *Functions and Basic Doctrine of the United States Air Force*, February 14, 1979, pp. 2-4, 2-8.

[3] U. S. Air Force, AFM 1-6, *Military Space Doctrine*, October 15, 1982, p. iii.

[4] U. S. Air Force, AFM 1-6, *Military Space Doctrine*, October 15, 1982, p. 1-9.

随着太空系统在常规地面冲突中的作用日益凸显，太空基本条令已不能满足美军的太空作战条令需求。自20世纪90年代后半叶以来，美军各军种太空作战条令发布渐成常态，并根据形势变化持续更新。迄至2022年底，美国陆军已先后发布1995年版《战地手册100—18：太空对陆地作战的支持》、2005年版《战地手册3—14：太空对陆军作战的支持》和多次更新的《战地手册3—14：陆军太空作战》①；美国空军先后发布1998年、2001年、2006年版《空军条令文件2—2：太空作战》、2012年版《空军条令文件3—14：太空作战》和2004年版《空军条令文件2—2.1：太空对抗作战》、2006年版《空军条令文件3—14.1：太空对抗作战》、2018年版《附件3—14：太空对抗作战》②。与此同时，进入21世纪后，美军开始积极将太空作战纳入联合作战框架，美国参联会先后发布2002年版《联合出版物3—14：太空作战联合条令》和2009年、2013年、2018年、2020年4版《联合出版物3—14：太空作战》文件。③ 2020年6月，美国太空军第一份基本条令《天权：太空部队条令》的发布拉开了其发布太空条令的序幕。2021年12月，美国太空军发布第一份作战条令《太空条令出版物5—0：规划》；2022年9月、12月，又相继发布作战条令《太空条令出版物1—0：人事》和《太空条令出版物4—0：维持》④。可以说，美军已经形成美国参联会太空作战联合条令统率各军种太空条令的条令体系。作为指导美军太空作战的行动指南，在效力上联合条令高于军种条令，而新版条令的发布通常意味着旧版的废止。

---

① U.S. Army, FM 100-18, *Space Support to Army Operations* (July 20, 1995); FM 3-14, *Space Support to Army Operations* (May 18, 2005), FM 3-14, *Army Space Operations* (January 6, 2010; August 19, 2014; November 28, 2017; February 13, 2018; October 30, 2019).

② U.S. Air Force, AFDD 2-2, *Space Operations* (August 23, 1998; November 27, 2001; November 27, 2006), AFDD 3-14, *Space Operations* (June 19, 2012); AFDD 2-2.1, *Counterspace Operations* (August 2, 2004), AFDD 3-14.1, *Counterspace Operations* (July 28, 2006), Annex 3-14, *Counterspace Operations* (August 27, 2018).

③ U.S. Joint Chiefs of Staff, JP 3-14, *Joint Doctrine for Space Operations* (August 9, 2002); JP 3-14, *Space Operations* (January 6, 2009; May 29, 2013; April 10, 2018; October 16; 2020).

④ U.S. Space Force, Space Doctrine Publication (SDP) 5-0, *Planning*, December 2021; Space Doctrine Pablication (SDP) 1-0, *Personnel*, September 7, 2022; Space Doctrine Publication (SPD) 4-0, *Sustainment*, December 2022.

第二节　美军太空作战条令解读

美国空军历史上长期把持美军太空事务主导权，美国陆军是最大的太空军事用户，而最新成立的美国太空军则将无可争议地成为目前及未来美军太空事务的主导者。由于定位不同，美军各版、各级条令在内容上各有侧重、各具特色。

一　美国空军太空作战条令

在美国太空军成立以前，美国空军是定义太空与美国国家安全关系和利用太空增进美国国家安全的主要军种，其太空条令经历了从基本条令向作战条令的演进，其发布的《太空作战》和《太空对抗作战》条令影响深远。

（一）《太空作战》条令

在众多美国空军太空条令中，1998年、2001年、2006年3版《空军条令文件2—2：太空作战》、2012年版《空军条令文件3—14：太空作战》持续对太空作战进行界定、补充、完善和更新，代表了美国空军对太空作战的根本认识。各版条令篇幅有长有短、内容有增有删。1998年版《空军条令文件2—2：太空作战》包括天权的基础、太空部队的指挥、太空作战、天权的特征、太空应用概念、用于战区战役的天权六章；2001年、2006年版《空军条令文件2—2：太空作战》均包含太空作战基础、太空资产的指挥与控制、太空作战的规划、太空作战的执行、太空培训与教育五章，仅标题名称略有区别；2012年版《空军条令文件3—14：太空作战》则包括理论基础，指挥与组织，任务领域，设计、规划、执行与评估，结束语五章。

2012年版《空军条令文件3—14：太空作战》描述了美国空军如何开展和利用太空作战以及空军太空作战与其他军种的区别，提出美国空军应专注于利用太空军力取得战略及作战效果。根据条令，所谓太空军力，指执行太空作战所必需的太空与地面系统、设备、设施、组织、人员或其组合。太空作战包含夺取太空优势和确保任务成功两部分。太空优势的实质是控制太空,但太空优势的重点是确保任务成功而非支配或占有太空。由于太空能力的全球性本质,太空作战不间断地进行并几乎融入了所有军事行动。条令强调太空作战不仅必须与其他政府机构协调规划和执行,而且必须与伙伴国家、国际产业联盟、非政府组织等开展合作。条令随后厘清了复杂的太空作战指挥与控制关系,详细介绍了全球太空作战和多战区作战的指挥与控制体制。条令第三部分把美国空军太空作战任务领域分为全球太空任务作战、太空支持、太空控制三大类,而太空态势感知为三大任务领域提供支持。其中全球太空任务作战包括全球综合"情监侦"、发射探测、导弹跟踪、环境监测、卫星通信、"定位、导航与授时";太空支持包括确保进入太空、卫星运控;太空控制包括防御性太空控制作战、进攻性太空控制作战;太空态势感知包括"情监侦"、太空环境监测。条令最后介绍了太空作战的设计、规划、执行与评估。

(二)《太空对抗作战》条令

美国空军在 1982 年版《空军手册 1—6》中引入太空对抗一词。2004 年版《空军条令文件 2—2.1:太空对抗作战》包含太空对抗作战、太空对抗作战的指挥与控制、太空态势感知、防御性太空对抗作战、进攻性太空对抗作战、太空对抗作战的规划与执行六章。2018 年版《附件 3—14:太空对抗作战》包括对太空对抗作战的介绍、组织及指挥与控制、规划、执行及评估等内容。

2018 年版《附件 3—14:太空对抗作战》在历数了太空作战面临地面攻击、电磁攻击、定向能、高海拔核爆炸、反卫星武器、进攻性网络攻击、太空环境、太空天气、太空碎片、电磁干扰等威胁之后,把太空优势界定为一方军队对太空的控制程度使其得以在给定时间、地点作战而免遭对手有效干扰,并指出太空优势与空中优势类似,但控制并非一定能够实现,特别是在对手实力不相上下的情况下。太空优势既可能是暂时的、局部的,也可能是广泛而持久的。接下来条令指出如同空中对抗一样,太空对抗是一种结合了进攻性和防御性作战的任务,目的是赢得并保持所期望的在太空及通过太空的控制和保护。太空对抗作战可以在战术、作战及战略层面上在海陆空天网所有领域展开,并仰赖强大的太空态势感知和及时的指挥与控制。太空对抗作战包括进攻性太空对抗和防御性太空对抗。进攻性太空对抗旨在剥夺对手利用太空能力的机会,削弱敌方军队在所有领域的效力。它以对手的太空能力(太空段、连接段和地面段以及第三方提供的服务)为目标,力争达成欺骗、干扰、拒止、削弱乃至摧毁的预期效果。防御性太空对抗致力于保护美国及友方太空能力免遭攻击、干扰或意外危险,以保持利用太空获得军事优势的能力。另外,条令指出通过防止对手使用"定位、导航与授时"信息同时保护己方军队畅通无阻使用、战区外的和平使用,导航战也为太空对抗作战做贡献。

二 美国陆军太空条令

美国陆军先后发布了1995年版《战地手册100—18:太空对陆地作战的支持》、2005年版《战地手册3—14:太空对陆地作战的支持》和数次更新的《战地手册3—14:陆军太空作战》。其中2005年版《战地手册3—14:太空对陆地作战的支持》第一部分(原则)包括陆军太空作战、太空任务领域、陆战中的太空作战三章,第二部分(战术、技术与程序)包含太空作战的规划、准备与执行,附录部分包含陆军太空能力、陆军太空支持小组、太空作战军官、陆军太空组织等内容。2014年版《战地手册3—14:陆军太空作战》包含陆军太空作战,太空部队的任务指挥,太空任务领域与陆军作战功能,联合陆地作战中的太空作战,规划、准备、执行并评估太空作战,陆军太空组织及能力,太空支持要素,太空产品八章。2019年最新版《战地手册3—14:陆军太空作战》包含陆军太空作战概览,太空作战环境,陆军太空能力,陆军太空作战,规划、准备、执行及评估,太空产品六章。

2019年版《战地手册3—14:陆军太空作战》确立了使用太空和天基系统及能力来支持美国陆军地面作战主导权的指南,概括介绍了太空能力对美国陆军作战的支持、美国陆军独特的太空能力以及规划、集成和执行美国陆军太空作战的战术和程序等。条令指出几乎所有美国陆军作战皆依赖太空能力和效果所带来的优势来增强作战部队的效力,美国陆军利用太空能力支持从大规模作战行动到单兵战术行动的统一陆地作战。美国陆军太空作战职责主要集中在太空态势感知、太空控制、"定位、导航与授时"、"情监侦"、卫星通信、环境监测、导弹预警、卫星行动八大联合太空能力，与核爆探测、太空运输联合太空能力无关。陆军需具备太空能力集成、发挥太空效力以及利用太空赋能器三大太空核心能力。

条令显示美国陆军关于太空作战的思维已经发生了变化，不再把太空领域视为一个在任务规划期间只考虑自然因素的可以随意行动的环境，而视其为一个"被拒止、环境恶化、被干扰"的作战环境。在太空作战中，规划者必须考虑可能影响任务执行的危险（环境）、威胁（敌对行动）及弱点（系统特征），美国陆军太空作战专注于尽可能地确保减缓危险、威胁及脆弱性。条令介绍了八个作战变量和六个任务变量，其中作战变量是描述作战环境的综合信息类别，包括政治、军事、经济、社会、信息、基础设施、物理环境及时间；任务变量是执行作战所需的特定信息类别，包括任务、敌人、地形与天气、可获得的部队与支持、可拥有的时间及民事考量。在收到预警命令或任务时，美国陆军指挥官筛选相关作战变量并利用任务变量来确定重点。

条令接下来对美国陆军太空机构及其职责、美国陆军在太空作战指挥与控制链中的地位以及在联合作战中的功能进行了详细介绍，阐述了美国陆军太空作战的规划、准备、执行与评估的方法和流程等，比如军事决策程序包含接受任务、任务分析、制定行动步骤、行动步骤分析（作战模拟）、行动步骤比较、行动步骤批准及命令制定、分发及传达七个步骤。

三　美国太空军太空条令

2020年8月，美国太空军发布第一份基本条令《天权：太空部队条令》；2021年12月，发布第一份作战条令《太空条令出版物5—0：规划》；2022年9月、12月，又相继发布作战条令《太空条令出版物1—0：人事》和《太空条令出版物4—0：维持》；接下来美国太空军还将制定战术条令。

作为美国太空军第一份独立条令，《天权：太空部队条令》包括太空领域、国家天权、军事天权、太空军力运用和军事太空部队五部分，回答了天权为什么重要、如何运用军事天权、需要哪些专业人才等关键问题。条令第一次把太空军事行动视为一个独立的战争领域，而非给其他领域提供支持功能。作为一份基本条令，它设定了术语及概念，并为太空作战人员制定了在执行任务时须遵守的框架，是此后美国太空军制定作战、战术条令的依据。

根据条令，国家天权指国家利用太空领域追求繁荣与安全的能力，并以国家利用太空实现外交、信息、军事和经济目标的相对力量来衡量。太空是国家打造并运用外交、信息、军事和经济四种国力工具的源泉和渠道，国家天权需要探险家、外交官、企业家、科学家、开发商和战士；军事天权是通过控制和利用太空领域实现战略与军事目标的能力，是一个与陆权、海权、空权及网权平起平坐的军力组成部分。

条令指出，作为美国军事天权的管理者，美国太空军肩负保持行动自由、为联合杀伤力和效力赋能、为美国领导人提供实现国家目标的独立选项三大基本责任。为履行这些基本责任，美国太空军需具备太空安全、战力投送、太空机动与后勤、信息机动、天域感知五大核心能力。太空安全指"为民事、商业、情报界和多国伙伴安全进入太空活动创造并促进稳定的条件"；战力投送指为保持相对于对手的预期行动自由集成防御和进攻行动；太空机动和后勤指军事装备和人员进入太空、从太空返回地球及穿越太空的能力；信息机动指为支持战术、作战和战略决策，提供及时、快速、可靠的各种军事行动数据的收集和传输；天域感知包括有效识别、表征[1]和理解与太空领域有关的任何因素，这些因素可能影响太空作战并因此影响其安全、经济或环境。条令指出，为培养人才——"天权最重要的组成部分"，美国太空军需要轨道战、太空电子战、太空战斗管理、太空进入与维持、军事情报、工程学/采办、网络作战七大科目的专业知识。

美国太空军发布的第一份作战条令《太空条令出版物5—0：规划》不仅为规划与战争的层级、天权规划的首要原则、有效天权规划的关键、

---

[1] 表征指对物质的微观结构和物理、化学性质进行分析测试。

联合功能、联合作战等提供了权威指南,而且详细阐述了太空规划流程从启动到实施的八个步骤:规划启动,任务分析,行动制定,行动分析与兵棋推演,行动比较,行动批准,制定规划或指令、实施,以及指挥与控制评估和经验教训等额外规划考量。美国太空军发布的第二份作战条令《太空条令出版物 1—0:人事》阐述了当前美国太空军的组织架构、美国太空军军人培养的最佳实践以及美国空军等其他机构对美国太空军的支持等,美国太空军发布的第三份作战条令《太空条令出版物 4—0:维持》则阐述了维持太空军力的最佳实践和经验教训。

四 美国参联会太空作战联合条令

进入 21 世纪后,美军以现有部队架构和装备为基础,开始在联合作战层面探索太空作战条令。联合条令地位比各军种条令都要高,后者必须与联合条令保持一致,除非存在指挥官判断的例外情形,否则必须遵守。美国参联会先后发布 2002 年版《联合出版物 3—14:太空作战联合条令》和 2009 年、2013 年、2018 年、2020 年版《联合出版物 3—14:太空作战》,为规划、执行及评估联合太空作战提供基本原则和指南。

从体例上看,太空作战联合条令各版本大同小异,2002 年版《联合出版物 3—14:太空作战联合条令》包括太空军事作战的基础、太空组织与任务、太空军力的指挥与控制、军事太空行动、太空规划五章;2009 年、2013 年版《联合出版物 3—14:太空作战》包括军事太空作战基础、太空任务领域、太空军力的指挥与控制、作用与责任、规划五章;2018 年、2020 年版《联合出版物 3—14:太空作战》则包括联合太空作战概览、太空作战与联合功能、联合太空作战的指挥与控制、联合太空作战的规划与评估四章。

从内容上看,在近二十年的时间跨度里,美国参联会各版太空作战联合条令差异显著。第一,对太空的定位发生了微妙变化。2002 年、2009 年、2013 年版仅描述了太空不同于陆海空的特征,如没有地理边界、受制于轨道力学、独特的环境等。2018 年版则提出"太空联合作战区域"概念,明确太空是与陆海空类似的作战领域。2020 年版增加了对太空作战面临的自然及人为威胁的描述以及太空任务保证这一减缓威胁概念。条令指出，太空天生危险并越来越"拥挤、充满争夺和竞争"。太空资产面临许多自然及人为威胁，自然威胁包括太阳活动、辐射及自然轨道碎片等；人为威胁可能是无意的，如卫星碎片或电磁干扰，也可能是有意的，如干扰、激光照射、网络攻击以及反卫星武器等。目前，可采取防御性作战、重构、韧性三种措施达成"太空任务保证"。

第二，对美军太空军力的功能分类发生了重大改变。2002年版采用太空控制、力量强化、太空支持及太空力量应用四大太空任务领域分类；2013年版采用太空态势感知、太空力量强化、太空支持、太空控制、太空力量应用五大任务领域分类；2018年版删除了太空任务领域分类，提出了太空态势感知、太空控制、"定位、导航与授时"、"情监侦"、卫星通信、环境监测、导弹预警、核爆探测、太空运输、卫星操作十大太空作战能力以及指挥与控制、情报、火力、运动与机动、保护、维持、信息七大联合功能。

第三，条令反映了太空作战指挥权从美国太空司令部移交给美国战略司令部再重回美国太空司令部的演变历程。在2002年10月美国太空司令部解散后，2009年版把美国太空司令部的太空作战任务划归美国战略司令部，并添加、界定了太空协调权，增加、更新并概述了太空联合功能部门司令部以及其他联合功能部门司令部、军种部门、作战支持机构以及其他机构和组织的职责；2020版重新写入了美国太空司令部的作用，并把海平面以上100千米及以外的区域确定为重建的美国太空司令部的责任区。条令对美国太空司令部重建以后的指挥与控制体制进行了厘清和更新，指出清晰界定指挥关系对确保及时、有效执行支持作战指挥官目标的太空作战至为关键，明确了从美国太空司令部到各军种部门太空司令部到战区作战指挥官三个指挥层级的权责及相互关系，并讨论了国家侦察办公室的作用、太空协调权、联络、控制与协调措施等相关议题。[1]

第三节 美军太空作战条令的特点

美军太空作战条令的演进历程折射出美军各军种之间激烈的博弈。

---

[1] See U. S. Joint Chiefs of Staff, JP 3-14, *Space Operations*, October 16, 2020.

20 世纪 50 年代后期，出于争夺太空事务主导权的考虑，美国空军领导人未经严肃分析和事先系统思考，以强制手段提出了"空天"的观念并将其塞进空军条令。① 进入 20 世纪 90 年代，虽然早在 1990 年 3 月美国参联会就下达了草拟首份全面协调的《联合出版物 3—14：太空作战战术、技术与程序联合条令》的指令，并计划在 1991 年 5 月发布，但却深陷协调泥潭进展缓慢②，直到 2002 年才最终发布。

纵观美军历版太空条令，变与不变并存。就变化而言，第一，形式上美军各军种条令与美国参联会联合条令在名称及番号上逐渐统一。为了与联合条令保持形式上一致，美国空军《太空作战》条令名称及番号从最初的"空军条令文件 2—2"（AFDD 2-2）变为"空军条令文件 3—14"（AFDD 3-14，2011 年开始），《太空对抗作战》条令名称及番号从最初的"空军条令文件 2—2.1"（AFDD 2-2.1）先后更名为"空军条令文件 3—14.1"（AFDD 3-14.1，2011 年）、"附件 3—14"（Annex 3-14，2018 年）、"空军条令出版物 3—14"（AFDP 3-14，2021 年）。美国陆军的太空作战条令文件名称也从最初的"战地手册 100—18"（FM100-18）变为"战地手册 3—14"（FM 3-14，2005 年开始）。

第二，内容上的变化更为显著。一是对太空的认知发生了巨大变化。早期美军太空条令对太空的描述主要是物理特性描述，进入 21 世纪第二个十年以来，逐渐增加了威胁描述及对太空作战环境的主观判断，包括太阳活动、辐射等自然威胁以及卫星碎片、电磁干扰、网络攻击、反卫星武器等人为威胁，对太空作战环境的判断也趋于严峻，比如"拥挤、充满争夺和竞争"③ "争夺、环境恶化且作战受限"④ 乃至"被拒止、环境恶化、被干扰"⑤ 等判断，显示出美军对其丧失太空优势乃至霸权日渐担忧。

---

① See Benjamin S. Lambeth, *Mastering the Ultimate High Ground: Next Steps in the Military Uses of Space*, Santa Monica, CA: RAND, 2003, pp. 37-59.

② Frank Gallegos, *After the Gulf War: Balancing Spacepower's Development*, School of Advanced Airpower Studies, Air University, 1996, p. 28.

③ U.S. Joint Chiefs of Staff, JP 3-14, *Space Operations*, May 29, 2013, p.I-1.

④ U.S. Joint Chiefs of Staff, JP 3-14, *Space Operations*, April 10, 2018, p.I-1.

⑤ U.S. Joint Chiefs of Staff, JP 3-14, *Space Operations*, October 16, 2020, p. A-6.

二是对天权的界定从狭义走向广义，对太空作战的定位从支持向支持兼作战演变。美国空军1998年版《空军条令文件2—2：太空作战》把天权界定为利用太空军力实现国家安全目标的能力。如果有效利用，天权能够增进美国在广泛军事行动中成功的机会。天权来自各种太空系统对太空环境的利用，而运行、维护和支持这些系统的人是天权的一个关键因素。① 美国太空军2020年发布的《天权：太空部队条令》首次进行了国家天权和军事天权的区分：天权是国力的源泉和渠道，国家天权是国家利用太空领域追求繁荣与安全的能力的总和，是国家利用太空领域实现外交、信息、军事和经济目标的相对能力。国家天权的各个组成部分相辅相成，共同服务于支持国家利益。军事天权指通过控制与利用太空领域达成战略与军事目标的能力。单靠军事天权不能赢得战争，但和陆权、海权、空权和网权一样，其成功、缺席或失败在战争中具有巨大的决定性作用。由于军事天权具备决定胜负的可能，其与其他领域的军力同等重要。军事天权不仅是陆权、海权、空权和网权的辅助，而且能够为国家领导人提供增进国家繁荣与安全的独立军事选项。②

第三，条令还折射出美军太空指挥体制的演变。如前所述，美国参联会各版太空作战联合条令反映出联合太空作战指挥与控制权在美国太空司令部、美国战略司令部和重建后的美国太空司令部之间的辗转及相应体制变化。另外，2003年"伊拉克自由"行动中联军司令首次赋予联军空军部门指挥官太空协调权，太空协调权随后被写入了美国空军2006年版《空军条令文件2—2：太空作战》和美国参联会2009年版《联合出版物3—14：太空作战》中。根据美国参联会2020年版《联合出版物3—14：太空作战》，太空协调权不是一个职位，而是作战指挥官赋予在任务区协调太空事宜的指挥官或个人的一种特别权限，获得太空协调权的指挥官集成太空军力并协调战区内联合太空作战。根据作战的复杂性和范围，作战指挥官可以保留太空协调权或将其委托给一个军种部门指挥官（或其他个人）。

---

① U. S. Air Force, AFDD 2-2, *Space Operations*, August 23, 1998, p. 1.
② U. S. Space Force, Space Capstone Publication, *Spacepower: Doctrine for Space Forces*, pp. 12, 13, 21, 26, 29.

就不变而言，虽然美军太空条令既根据经验、理论和技术的变化适时更新，又注意保持军种条令与联合条令的一致，在形式与内容上始终与时俱进并将继续不断更新，但条令的终极目标万变不离其宗。正因为此，美国空军历版太空作战条令一再强调太空优势，效力最高的美国参联会历版太空作战联合条令反复重申太空是"终极高地"，美国太空军也奉行"永远在上"的座右铭，太空优势和太空版"美国治下的和平"始终是美军追求的最高目标。

第四章

美军太空体制

> 天下大势，分久必合，合久必分。
>
> ——《三国演义》

美军太空体制主要包含采办、作战指挥与部队建设三大体制，从时间上看，采办体制历史最为悠久，部队建设体制起步最晚。在经过21世纪第二个十年后半叶开始的新一轮体制重组后，目前美军太空体制大局初定。

第一节 美军太空采办体制

美军太空采办体制的演进与美国太空项目的不断分化相伴而行。1958年高级研究项目局①和国家宇航局的成立标志着美国太空军事、民事项目的分离，1961年国家侦察办公室的秘密成立标志着太空军事、情报项目的分离。由于美军内部各军种太空采办权限争夺激烈，各军种冲突在艾森豪威尔政府时期由白宫调停，此后则由美国参联会管理，美国国防部充当最后的仲裁人。总体上，美军太空采办权限既分散又高度集中。一方面，美国空军长期占据国防部太空总预算和太空人力资源绝对优势，非其他军种可以望其项背；另一方面，太空采办政出多门，牵涉

---

① 1972年更名国防高级研究项目局。

机构超过 60 个。在特朗普政府上台以后，美军太空采办体制迎来了新一轮重组。

一 美国空军太空采办主导地位的确立

尽管美国海军的太空探索历史最为悠久①，20 世纪 50 年代后期美国陆军一度在美军太空探索中独占鳌头②，但美国空军后来居上成为美军太空力量的主力军，并在大部分时间里充当美军太空项目的"执行人"。

美国空军的太空史以其前身——美国陆军航空队 1945 年资助成立的兰德公司为起点。1946 年初，兰德公司发布首份报告《实验性世界环绕太空船的初步设计》③，预测五年之内可能发射人造地球观测卫星。1954 年 3 月，兰德公司发布第一份全面综述天基系统的军事利用的报告④，提出了开发一颗利用电磁波向地球传输数据的卫星的建议，这份报告成为美军第一个军事卫星项目"武器系统-117L"⑤ 的基础。

---

① 美国海军太空探索历史可追溯到 1830 年美国海军制图与仪器库——海军天文台的前身的建立，美国海军还创下了众多"第一"纪录，包括第一枚可控发射火箭"海盗/先锋"、第一个卫星跟踪系统"迷你跟踪"、世界上第一颗电子侦察卫星"银河辐射与背景"卫星、世界上第一个卫星导航系统"子午仪"导航系统、美国第一个太空物体跟踪系统"海军太空监视系统"、第一个投入使用的军事广播卫星系统"舰队卫星通信系统"等。See U. S. Department of the Navy, *From the Sea to the Stars: A Chronicle of the U. S. Navy's Space and Space-Related Activities*, 1944-2009, 2010.

② 美国陆军的太空历程始于亚拉巴马州亨茨维尔市（Huntsville）红石兵工厂（Redstone Arsenal）的德国纳粹科学家冯·布劳恩及其火箭团队。虽然美国陆军研制、发射了美国第一枚弹道导弹和第一颗地球轨道卫星，但在 20 世纪 50 年代末期美国太空项目重组中却成为最大的牺牲者，其太空作用迅速萎缩，从 20 世纪 50 年代太空领域的领导者沦落为太空服务的被动消费者。直到 1973 年美国陆军开始实施"国家能力的战术利用"项目才告别其在太空领域的一蹶不振而缓慢复苏。此后得益于美国"空地战"学说的兴起和"战略防御倡议"的实施，美国陆军的太空地位有所回升。See James Walker, Lewis Bernstein, Sharon Lang, *Seize the High Ground: The Army in Space and Missile Defense*, U. S. Army Space and Missile Defense Command, 2003.

③ *Preliminary Design of an Experimental World-Circling Spaceship*, Santa Monica, CA: RAND Corporation, 1946. https://www.rand.org/pubs/special_memoranda/SM11827.html.

④ J. E. Lipp, Robert M. Salter, *Project Feedback Summary Report*, Vol. I & vol. II, Santa Monica, CA: RAND Corporation, March 1954.

⑤ "武器系统-117L"包含一系列为不同任务而设计的子系统。1958 年因艾森豪威尔政府的和平利用太空政策而去掉"武器系统"的名称，到 1959 年底演变为"发现者""卫星与导弹观测系统""导弹防御警报系统"3 个项目。"发现者"表面上是一个用于卫星部件测试和生物医学研究等的科学卫星，实际上是"科罗纳"间谍卫星的掩护。"发现者"和"卫星与导弹观测系统"是光学成像侦察卫星，"导弹防御警报系统"则是导弹预警卫星。

从 20 世纪 50 年代后期开始，美国空军发起了一场以争取成为各类太空项目的执行人为目标的运动。1958 年 2 月，时任美国国防部长麦克罗伊（Neil H. McElroy，1904—1972 年）成立管理美国所有太空项目的高级研究项目局，不过高级研究项目局的主导地位仅昙花一现。1958 年 7 月成立的国家宇航局随后接管了其对民事太空项目的广泛权力。1959 年 9 月，美国国防部又对美军太空系统开发进行分工，明确陆军负责开发通信卫星，海军负责开发导航卫星，空军负责开发侦察、监视卫星、火箭的研制、发射以及载荷总装。1961 年 3 月，时任美国国防部长麦克纳马拉（Robert F. McNamara，1916—2009 年）发布第 5160.32 号国防部指令，重新对美军太空系统开发进行分工，除陆军保留"降临"军事卫星通信系统①、海军保留"子午仪"卫星导航系统外，空军几乎垄断了所有军事太空系统的开发，如愿成为美国国防部太空项目的执行人。② 不过，美国空军并不能从此高枕无忧。1970 年 9 月，时任美国国防部副部长帕卡德（David Packard，1912—1996 年）修订第 5160.32 号国防部指令，在明确在研项目不受影响、空军保持开发和部署太空预警与监视系统及所有火箭研制与发射的同时，批准各军种就太空通信、导航、海洋和战场监视、气象、测绘等未来项目展开公平竞争③，美国空军作为国防部太空项目的执行人的地位受到冲击。直到 2003 年 6 月，第 5101.2 号国防部指令使美国空军重获执行人地位。④ 可以说，美军太空采办分散在各军种，各军种围绕太空采办权限的博弈也从未停止，但美国空军长期占据绝对主导地位，并逐渐形成了美国陆军负责宽带通信卫星、美国海军负责窄带通信卫星、美国空军承担其他军事卫星及太空发射的碎片化太空采办体制。

美国空军太空采办体制以 1954 年成立的西部开发部为起点，其太空

---

① 1962 年项目被砍，由"初始国防通信卫星项目"取代。

② Robert McNamara, Secretary of Defense, *DOD Directive* 5160.32, *Development of Space Systems*, March 6, 1961.

③ David Packard, Deputy Secretary of Defense, *DOD Directive* 5160.32 (*Revised*), *Development of Space Systems*, September 8, 1970.

④ Paul Wolfowitz, Deputy Secretary of Defense, *DOD Directive* 5101.2, *DOD Executive Agent for Space*, June 3, 2003.

采办权限在空军研发司令部（1950年成立）、空军系统司令部（1961年成立）、空军装备司令部（1992年成立）、空军太空司令部之间多次辗转，1992年成立的太空与导弹系统中心在此后近三十年里长期充当美国空军太空采办的中枢。

隶属空军研发司令部的西部开发部的最初任务是为美国空军开发战略导弹，1955年10月被赋予了开发"武器系统-117L"的责任。1957年6月，西部开发部更名为空军弹道导弹部。1961年空军弹道导弹部分拆为弹道系统部和太空系统部，空军研发司令部更名为空军系统司令部。1967年7月，弹道系统部和太空系统部合并成立太空与导弹系统组织。1979年10月，太空与导弹系统组织分拆为太空部和弹道导弹办公室，1989年3月又分别更名为太空系统部和弹道系统部。1990年5月，弹道系统部更名为弹道导弹组织并置于太空系统部之下。1992年7月，太空系统部更名为太空与导弹系统中心并转隶由空军后勤司令部和空军系统司令部合并成立的空军装备司令部。1993年9月，弹道导弹组织停止运作后并入太空与导弹系统中心。[1] 2001年10月，为提供从概念到开发、采购、维护及最终处置的"从摇篮到坟墓"的太空系统管理，太空采办权从空军装备司令部移交给空军太空司令部，太空与导弹系统中心也随之转隶空军太空司令部。2019年12月美国太空军成立以后，太空与导弹系统中心转隶美国太空军，并在2021年8月正式成为美国太空军太空系统司令部。

二 美军太空采办权限的整合

作为美军太空采办的新轴心，美国太空军太空系统司令部掌控着美国太空军90%的采办事宜、五角大楼约85%的太空投资预算，人员总数过万。另外，太空快速能力办公室、太空开发局等在太空采办事务中也发挥着重要作用。太空快速能力办公室的前身是2007年美国空军在新墨西哥州科特兰（Kirtland）空军基地成立的作战响应太空办公室，其职责是利用响应性卫星载荷、低成本火箭以及响应性指挥与控制能力验证、

---

[1] David N. Spires, *Orbital Futures: Selected Documents in Air Force Space History*, Vol.1, Air Force Space Command, United States Air Force, 2004, pp. 457-466.

采购并部署有效的作战响应太空能力，2018年11月更名为太空快速能力办公室。2019年4月，太空开发局作为一个独立的国防部机构在国防部研究与工程副部长办公室下成立，2022年10月1日正式并入美国太空军。如其座右铭"永远更快"所言，太空开发局的目的是加速太空商业技术采购流程。在军事指挥链下，太空系统司令部、太空快速能力办公室和太空开发局向美国太空军太空作战部长汇报；在文职采办指挥链下，他们直接向美国空军太空采办与集成助理部长汇报。空军太空采办与集成助理部长直接向空军部长汇报。

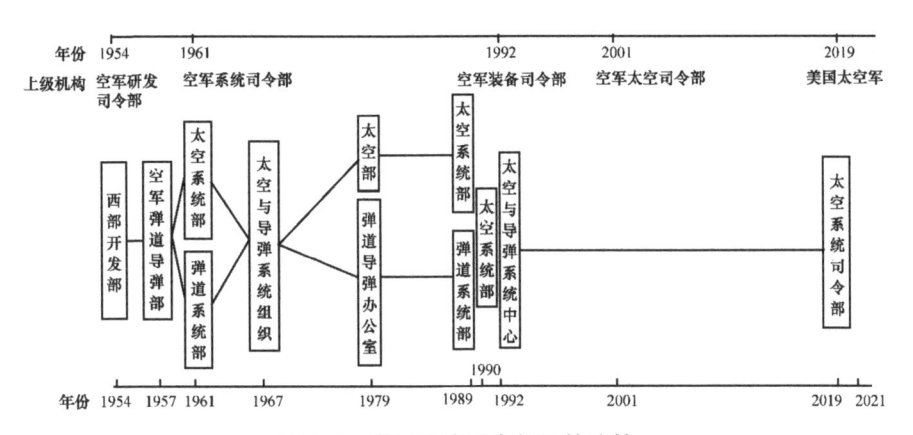

图4-1 美军太空采办权限的流转

资料来源：作者自制。

为扭转太空采办过于分散的局面，美军曾多次尝试整合太空采办权限，但无论是1998年设立的国家安全太空建筑师一职，还是2004年成立的国家安全太空办公室，最终都行之不远，收效甚微。为协调众多太空采办机构之间错综复杂的关系，《2020财年美国国防授权法》要求五角大楼成立太空采办委员会，成员包括美国空军副部长、美国空军太空采办与集成助理部长、国防部太空政策助理部长、国家侦察办公室主任、美国太空军太空作战部长、美国太空司令部司令，由美国空军太空采办与集成助理部长担任主席，每月举行一次会议。2020年4月，太空采办委员会举行首次会议。2022年4月，首任美国空军太空采办与集成助理部长卡尔维里（Frank Calvelli）宣誓就职，并担任太空采办委员会主席，拥有监管、指导和管理整个美国国家安全太空项目采办与集成的权力。至此，美军新的统一太空采办体制已具雏形。

第二节　美军太空作战指挥体制

尽管20世纪60年代末通信和气象卫星就已经参与美军在越南的作战行动，但距离美军太空作战体制化还很遥远。20世纪70年代早期，美军太空能力的长足进步逐渐推动太空系统从研发领域向更广泛的作战应用领域迈进。[①] 随着20世纪70年代下半叶美国对苏联日益增长的军事太空能力和反卫星能力日渐感到不安，"国防气象支持项目""国防卫星通信系统""全球定位系统"和"国防支持项目"等美国第二、三代军事太空系统日趋成熟，再加上20世纪70年代末80年代初美国空军一系列太空研究报告、专题研讨会的推动造势以及美国总统里根对扩展太空防务项目的浓厚兴趣，美军太空作战指挥体制建设终于在20世纪80年代初被提上议事日程，并在21世纪20年代初形成了美国太空司令部统率美国空军第一航空队、美国太空军太空作战司令部、美国陆军太空与导弹防御司令部、美国海军舰队网络司令部和美国海军陆战队太空司令部五个军种太空司令部的太空作战指挥体制。

一　美军各军种太空司令部

自20世纪60年代以来，美国空军系统司令部负责太空系统的开发、防空防天司令部负责太空系统的防卫，但美国空军并没有独立的负责太空系统运行的司令部。以1979年到1981年一系列太空研究报告和专题研讨会为基础，以同一时期的机构调整做铺垫，成立一个专门的太空司令部的时机逐渐成熟。[②] 1982年9月，为确保太空研发与太空系统的作战用户紧密结合，美国空军成立空军太空司令部，负责管理和运行所分配的太空资产、统一规划和集成需求。随后空军太空司令部开始了漫长

[①] David N. Spires, *Beyond Horizons: A History of the Air Force in Space, 1947-2007*, p.137.
[②] David N. Spires, *Beyond Horizons: A History of the Air Force in Space, 1947-2007*, pp.194-202.

而艰难的接手过程，并在十余年后最终完成了空军军事太空系统从开发者向运行者的里程碑式移交。在此过程中，空军太空司令部的地位也不断提升，到2002年，空军太空司令部从成立时的两星级司令部晋升为四星级司令部，并长期充当美国太空司令部（及美国战略司令部）的空军部门司令部。随着空军太空司令部主体转隶美国太空军，2021年2月，美国空军将总部位于佛罗里达州廷德尔（Tyndall）空军基地的第一航空队作为美国太空司令部的空军部门司令部，其职责是在为美国太空军执行在太空、从太空及向太空的行动提供空权支持的同时，把天权集成到支持美国空军的国土防御任务中去。2022年5月，美国空军第一航空队宣布获得初始运行能力。

美国陆军的军种太空司令部可追溯到1984年美国陆军在美国空军太空司令部设立的联络办公室，联络办公室在几经更名后于1988年重组为陆军太空司令部。1993年陆军太空司令部与陆军战略防御司令部合并成立陆军太空与战略防御司令部，1997年更名为陆军太空与导弹防御司令部。陆军太空与导弹防御司令部肩负组织、培训并装备陆军太空及全球导弹防御部队的职责，是美国战略司令部和美国太空司令部的陆军部门司令部，拥有红石兵工厂和科罗拉多州科罗拉多·斯普林斯（Colorado Springs）两个总部，其人员分布在全球11个时区的23个地点，为支持战略威慑、一体化导弹防御、太空作战和网络作战任务提供陆军部队的规划、集成、控制与协调。

美国海军在1983年10月成立海军太空司令部，2002年解散。同年，来自原海军太空司令部、海军计算机与电信司令部等的23个海军机构重组为海军网络战司令部，并逐渐演变为海军信息战、网络与太空的主要责任机构。2010年1月，美国海军舰队网络司令部在马里兰州米德堡（Fort Meade）成立。海军舰队网络司令部继承了海军网络战司令部的密码/信号情报、信息作战、电子战、网络作战和太空能力等统一作战能力，并将其与网络领域融合，承担海军信息网络作战、进攻性及防御性网络空间作战、太空作战及信号情报的责任，是美国网络司令部和美国太空司令部的海军部门司令部。美国海军第十舰队作为其作战臂膀，负责在网络空间、密码/信号情报、太空为海军和联合任务提供支持。目前，美国海军舰队网络司令部拥有1.4万名全球部署的现役、预备役军人及文职人员，并直接向海军作战部长报告。

2019年12月20日，美国特朗普总统签署《2020财年国防授权法案》，正式在美国空军部成立美国太空军。随后美国空军部长把空军太空司令部重新指定为美国太空军，把范登堡（Vandenberg）空军基地的空军第十四航空队重新指定为美国太空军太空作战司令部。随着美国太空军机制建设的持续推进，2020年10月21日，美国空军部长把科罗拉多州彼得森（Peterson）空军基地的原空军太空司令部参谋机构重新指定为太空作战司令部总部，负责为执行太空作战的指挥官及参谋培训、装备并提供美国太空军部队；把范登堡空军基地的太空作战司令部重新指定为西部太空作战司令部，并作为美国太空司令部旗下盟军太空部门司令部总部承担规划、集成、执行并评估全球太空作战，为作战指挥官、联盟伙伴、联合部队及美国提供太空作战能力。

2020年11月，美国海军陆战队太空司令部以海军陆战队战略司令部现有太空力量为基础在内布拉斯加州奥弗特（Offutt）空军基地成立，其司令兼任海军陆战队网络空间司令部司令。海军陆战队太空司令部专注于为舰队海军陆战队[①]提供太空作战支持并建设融合能力以提高作战人员的杀伤力。

二 美国太空司令部

早在1958年4月，时任美国海军作战部长阿利·伯克（Arleigh Burke，1901—1996年）为反驳空军的太空主导权主张，曾首次提出建立他称之为国防太空局的统一太空司令部的倡议，但无果而终。直到20世纪80年代，成立统一太空司令部才获得广泛支持。1985年9月，美国太空司令部作为功能性司令部成立，成为当时美军十个统一作战司令部中最小的一个，美国空军太空司令部司令兼任美国太空司令部和北美防空司令部司

---

① 舰队海军陆战队是美国海军部执行进攻性两栖或远征作战和防御性海上作战的普通和特种部队。舰队海军陆战队虽然是海军陆战队组织，但接受海军舰队指挥官的作战控制。目前美国海军陆战队设有两支舰队海军陆战队，分别是太平洋舰队海军陆战队和大西洋舰队海军陆战队。

令。20世纪90年代末，美国太空司令部曾试图推动把太空确定为其责任区，使其从功能性作战司令部转变为地理性作战司令部，但未获成功。①2002年10月美国太空司令部被解散，其职能并入美国战略司令部。

2019年8月底正式重建的美国太空司令部是美军第十一个统一作战司令部，2021年8月宣布具备初始运行能力。与历史上的美国太空司令部作为功能性司令部承担为地理性作战司令部提供技术及人力支持的任务不同，重建的美国太空司令部实现了从功能性作战司令部向地理性作战司令部的转变，视海平面以上100千米及以上全部区域为其责任区，承担威慑、防御、为联合作战部队提供太空作战支持、培养太空联合作战兵力四大任务。

美国太空司令部临时总部设在彼得森空军基地，永久总部待定。截至2021年8月，其人员总规模约1500人，总部约600人。美国太空司令部下设盟军太空部门司令部和太空防御联合特遣部队司令部两个次级司令部。位于范登堡太空军基地的盟军太空部门司令部的任务是规划、集成、实施和评估全球太空作战，以便向作战指挥官、国际盟伴、联军和美国提供与作战相关的太空能力。它通过范登堡太空军基地的联盟太空作战中心、科罗拉多州夏延山（Cheyenne Mountain）太空军站的导弹预警中心和巴克利（Buckley）太空军基地的联合过顶持续红外中心、科特兰空军基地的联合导航战中心规划和执行太空作战，向美国太空司令部及其他作战司令部提供天域感知、太空电子战、卫星通信、导弹预警、军事"情监侦"、导航战、指挥与控制、"定位、导航与授时"等，并对全球分布的美军各军种太空机构行使战术控制。位于彼得森太空军基地的太空防御联合特遣部队司令部通过施里弗（Schriever）太空军基地的国家太空防御中心等与任务伙伴协同执行护卫（即保护与防卫，下同）作战以赢得并保持太空优势，慑止进攻、护卫太空能力并奉命在冲突全程打败对手。2022年11月，美国太空司令部又宣布成立太空作战盟军联合特遣部队。作为美国太空司令部与盟军太空部门司令部、太空防御联合特遣部队两个次级司令部之间的桥梁，太空作战盟军联合特遣部队的职责是帮助协调作战和加快向作战

---

① See General Howell M. Estes, III et al., *United States Space Command Vision for* 2020, February 1997.

部队提供卫星服务。

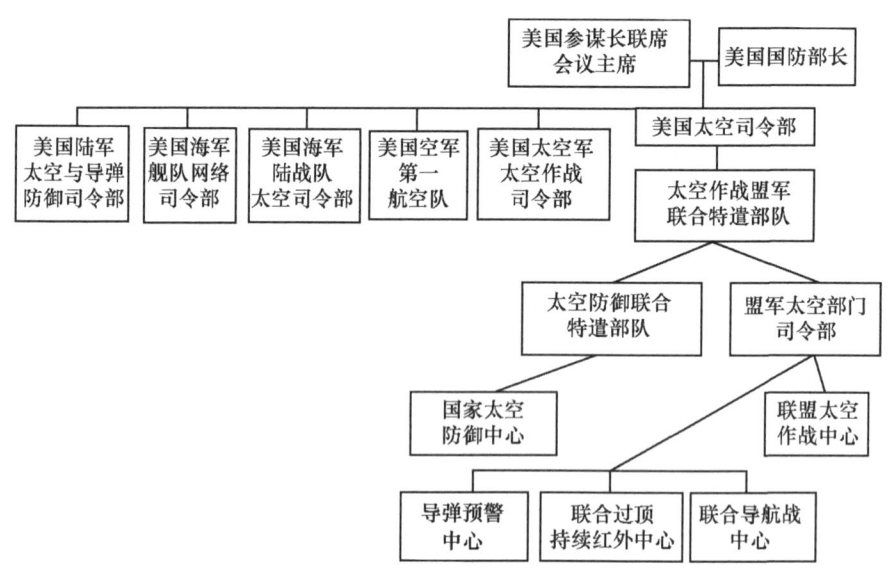

图 4-2　美军太空作战指挥体制

资料来源：作者自制。

根据美国参联会 2020 年版《统一指挥规划》，美国太空司令部不仅承担决定谁在战斗中拥有通信卫星、导弹预警及太空监视传感器等的优先使用权的领导责任，而且是全球传感器和全球卫星带宽的管理人。[①] 美国太空司令部司令代言、规划并执行军事太空作战并根据当前及规划的联合作战确定军事太空作战的轻重缓急，使军事太空作战与联合作战协调、集成并同步。美国太空司令部司令对各军种派遣的太空部队和资产行使作战指挥权以确保联军获得太空能力，并通常把战术控制权下放给盟军太空部门司令部和太空防御联合特遣部队司令部。在作战过程中，作战指挥官拥有使用所分配的或附属太空部队完成任务的权力，由于为特定作战指挥官提供日常直接支持的太空作战人员通常数量有限，如果任务需要，作战指挥

[①]　Theresa Hitchens, "SPACECOM's New Vision Targets 'Space Superiority'", *Breaking Defense*, January 28, 2021, https://breakingdefense.com/2021/01/spacecoms-new-vision-targets-space-superiority/?_ga=2.161788219.603383477.1611730270-431326764.1600160062.

官可以向美国太空司令部请求额外支持。作战指挥官负责分配任务，确立适当的指挥关系和协调指令。

第三节　美军太空部队建设体制

历史上美军太空部队分散在各军种，随着美国太空军作为独立军种在美国空军部下成立，美国空军太空部队几乎悉数转隶美国太空军，部分美国陆军、海军太空部队也并入美国太空军，美军太空部队建设体制发生了根本变革。

一　独立建军前的美军太空部队

美国空军曾拥有第 21、50、460、30、45 太空联队。其中第 21 太空联队总部位于科罗拉多州的彼得森空军基地，拥有北美防空司令部、美国北方司令部、空军太空司令部、陆军太空与导弹防御司令部等 50 多个任务伙伴，是美国空军唯一一个向全球联合作战指挥官和作战部队提供导弹预警和太空控制的机构。作为美国空军地理最分散的联队，第 21 太空联队分驻 9 个国家的 22 个地点，不仅接受任务伙伴，而且提供并利用全球能力来确保太空优势。第 50 太空联队总部位于科罗拉多州施里弗空军基地，通过遍布全球的空军卫星控制网络运行并支持全球定位系统、卫星通信、气象、太空监视、轨道试验卫星项目等。第 460 太空联队总部位于科罗拉多州巴克利空军基地，主要执行空战、天基导弹预警、太空监视、太空通信以及安装支持行动，全年不间断值班。与其他太空联队不同，第 460 太空联队不仅指挥、控制卫星，而且处理任务数据。第 30、45 太空联队分别负责加州范登堡和佛罗里达州卡纳维纳尔角（Cape Canaveral）两个太空发射场的运营，并监管军事、民事及商业太空发射。

此外，1997 年成立的第 310 太空联队作为美国空军唯一预备役部队太空联队和美国太空预备役军人的主力，为美军、美国商务部、国家海洋与大气管理局等提供支持，总部位于施里弗空军基地，分驻彼得森、巴克利和范登堡空军基地；14 个美国空军国民警卫队机构分驻美国科罗拉多、加利福尼亚、阿拉斯加、夏威夷、佛罗里达、纽约、俄亥俄、阿肯色 8 个州以及海外领地关岛，承担运行弹道导弹预警与核探测系统、发动进攻性电子战、运行通信卫星等与太空相关的任务。

美国陆军作为军事太空系统的最大用户，其一个 4000 人的标准陆军旅级作战群就拥有 2500 多件用于通信、导航、早期预警以及其他功能的太空赋能设备，其太空骨干部队包括第一太空旅和卫星作战旅。

2005 年成立的第一太空旅总部位于科罗拉多州卡森堡（Fort Carson），除了负责指挥 2 个驻日本以及 3 个驻土耳其、以色列和沙特阿拉伯的导弹防御连队，还下辖第 1 太空营、美国陆军预备役部队第 2 太空营，并与美国陆军国民警卫队第 117 太空营保持培训、战备和监管关系。1999 年成立的第一太空营位于科罗拉多州卡森堡，任务是规划、集成、同步执行全球战区弹道导弹预警、太空态势感知、太空与技术作战支持及紧急行动，堪称美国陆军太空部队的指挥与控制行动总部。第一太空营下辖 4 个战区导弹预警连队和 2 个太空控制连队，不仅部署到阿富汗、阿曼、科威特和巴林，而且在意大利、韩国、日本和卡塔尔保持不间断前沿存在。2017 年成立的第 2 太空营位于科罗拉多·斯普林斯，是美国陆军预备部队的唯一太空营，其任务是规划、集成、同步执行太空态势感知、太空与技术作战支持及紧急行动。2001 年 9 月成立的陆军国民警卫队第 117 太空营绰号"太空牛仔"，同样位于科罗拉多·斯普林斯，其任务是规划、集成、同步执行太空与技术行动。2021 年 10 月，在保留第 2、第 117 太空营陆军太空支持小组的同时，第 1 太空营 3 个陆军太空支持小组转型为 3 个 4 人一组的太空控制规划小组。全球部署的太空支持小组 6 人一组，直接加入陆军师或军团参谋部，提供太空专业知识和相关太空能力，聚焦于提升作战人员射击、移动及通信能力。太空控制规划小组则致力于把全部进攻性和防御性太空控制能力规划并集成到陆军联合部队的作战、火力与机动计划中去，这些能力不仅包括陆军太空控制能力，而且包括海军、海军陆战队以及太空军的太空控制能力。①

2019 年 10 月成立的卫星作战旅由现役和预备役士兵、美国陆军部

---

① Jen Judson, "Multidomain Ops Drive Change to Army's 1st Space Brigade", *DefenseNews*, October 12, 2021, https://www.defensenews.com/land/2021/10/11/multidomain-ops-drive-change-to-armys-1st-space-brigade/.

文职人员以及澳大利亚军事与文职雇员组成，下辖第 53 信号营及卫星通信部。1995 年成立的第 53 信号营原隶属于第一太空旅，是五角大楼唯一一个负责"国防卫星通信系统"和"宽带全球卫星通信"星座载荷与传输控制的机构。通过位于科罗拉多州卡森堡的所属营级卫星通信作战中心，第 53 信号营为位于美国马里兰州德特里克堡（Fort Detrick）和米德堡、夏威夷州瓦希阿瓦（Wahiawa）、日本冲绳巴克纳堡（Fort Buckner）、德国兰施图尔（Landstuhl）的 5 个宽带卫星通信作战中心提供全年无休的卫星通信支持。卫星通信部管理卫星通信供应，负责执行美国太空司令部委派的宽带及窄带卫星通信系统的统一卫星通信系统专家任务，并提供 24 小时无休的警戒支持。通过位于夏威夷州惠勒陆军机场（WAAF）、科罗拉多州彼得森空军基地、佛罗里达州麦克迪尔（MacDill）空军基地和德国斯图加特帕奇兵营（Patch Barracks）的 4 个区域卫星通信支持中心，卫星通信部为五角大楼所有卫星通信系统提供全年无休的规划、工程和卫星载荷管理，并负责执行五角大楼签署的宽带与窄带卫星通信国际伙伴协定。

20 世纪 50、60 年代美国海军太空骨干主要包括海军研究实验室与约翰·霍普金斯大学应用物理实验室的工程师、科学家以及海军天文台的天文学家。1962 年美国海军成立了主要负责运营"子午仪"导航系统等海军卫星的海军航天小组。1990 年海军航天小组改组为海军卫星作战中心，负责"舰队卫星通信系统"和"测地卫星后继系统"星座。[1] 总体而言，海军太空人才分散在美国海军舰队网络司令部、海军卫星作战中心、海军信息战系统司令部、太平洋舰队司令部、带番号的舰队、航母打击群、远征打击群、两栖打击中队、美国战略司令部、美国太空司令部、美国网络司令部以及国家侦察办公室、国家地理空间信息局、国家安全局等。

美国海军陆战队正在探索建设一支海军陆战队远征部队太空支持队伍。海军陆战队太空支持小组以陆军太空支持小组为模板，将以其太空作战专业知识为海军陆战队远征部队参谋提供支持并为指挥官提供天域

---

[1] See U. S. Department of Navy, *From the Sea to the Stars: A Chronicle of the U. S. Navy's Space and Space-Related Activities*, 1944-2009.

感知；规划、集成并协调作战全程中的太空能力、太空控制及天域感知活动。2021年7月，首批海军陆战队太空司令部遴选的海军陆战队员开始在科罗拉多州科罗拉多·斯普林斯美国陆军太空与导弹防御学院受训，随后海军陆战队将以其为基础组建第一个海军陆战队太空支持小组。

二 美国太空军

虽然自第一次海湾战争结束以来成立美国太空军的呼声就连绵不断，[①]但直到特朗普上台以后美军太空部队建设机制才取得重大突破。2019年2月，特朗普发布第4号总统太空政策指令，正式指示美国国防部长制定一份成立美国太空军的立法建议。2019年12月20日，特朗普签署《2020财年国防授权法案》，美国太空军正式在美国空军部成立，成为继美国空军、陆军、海军、海军陆战队（隶属海军部）和海岸警卫队（隶属国土安全部）之后的第六军种。作为美国空军部的一部分，美国太空军之于美国空军部如同美国海军陆战队之于美国海军部。不仅如此，随着其最高军事长官太空作战部长跻身美国参联会[②]，美国太空军在美军作战指挥链中的地位大为提高。作为自1947年美国空军成立以来的最新军种，美国太空军的目标是提供美国在太空、从太空、向太空的行动自由，为及时、持续的太空攻防作战及全域联合作战提供作战及作战支持。美国太空军肩负《美国法典》第十卷规定的组织、培训及装备太空部队的责任，负责培养太空军事人才、采购太空军事系统、制定太空军事条令以及在冲突时向作战指挥官提供太空兵力等。自2019年成立以来，随着定编、定员、定衔、转隶、招募及更名等工作的推进，美国太空军基本建成。

[①] See Michael C. Whittington, *A Separate Space Force: An 80-Year-Old Argument*, U.S. Air War College Maxwell Paper, No. 20, May 2000; Commission to Assess United States National Security Space Management and Organization, Report of the Commission to Assess United States National Security Space Management and Organization; Major General James B. Armor Jr., "Viewpoint: It is Time to Create a United States Air Force Space Corps", *Astropolitics: The International Journal of Space Politics & Policy*, Vol. 5, No. 3, 2007, pp. 273-288.

[②] 美国参联会成员资格由法律赋予，自2020年12月起，由主席、副主席以及美国陆军参谋长、美国海军陆战队司令、美国海军作战部长、美国空军参谋长、美国国民警卫局局长、美国太空军太空作战部长8名成员组成。

从人员构成上讲，目前美国太空军主要由三部分构成，主体部分由美国空军太空司令部转隶而来，小部分从美国陆军、海军并入，还有一部分新鲜力量为军校毕业生及应征入伍的士兵，比如2020年、2021年、2022年分别有88名、115名和94名美国空军学院毕业生加入美国太空军。由于美国空军部为美国太空军提供75%以上的支持功能，包括后勤、基地运营支持、文职专业人才管理、业务系统、信息技术支持及审计机构等，美国太空军从一开始就被定位为一支小而强的精英部队，在招募士兵时仅招募卫星操控、情报与网络安全等专业岗位人才。

就机构设置而言，如同其他军种一样，美国太空军总部设在五角大楼，设有总部主任及人力资源办公室、作战办公室、战略与资源办公室、技术与创新办公室4个办公室。美国太空军设立中队、太空军基地德尔塔部队与太空德尔塔部队、次级司令部三个从低到高的指挥层级。中队聚焦于卫星操控或情报等特定任务。太空军基地德尔塔部队与太空德尔塔部队相互平行、互不隶属，太空军基地德尔塔部队负责为太空德尔塔部队提供基地安全、民用工程、公共事务、医疗等支持职能；太空德尔塔部队类似于美国陆军的旅，由一名上校领导，承担作战、安装支持及培训等特定任务。太空作战司令部、太空系统司令部和太空培训与战备司令部三个次级司令部则分别承担提供太空部队和作战支援、研发和采购太空系统以及建设太空部队等职责。

美国太空军太空作战司令部下辖2支承担设施责任的太空军基地德尔塔部队、9支承担任务责任的太空德尔塔部队。其中总部位于彼得森太空军基地的第1太空军基地德尔塔部队为彼得森太空军基地、施里弗太空军基地、夏延山太空军站、新罕布什维尔州的新波士顿（New Boston）太空军站、夏威夷州的卡埃纳角（Kaena Point）太空军站和美国空军研究实验室毛伊岛光学与超算站点（AMOS）等提供（军事）设施支持。位于巴克利太空军基地的第2太空军基地德尔塔部队为巴克利太空军基地、马萨诸塞州的科德角（Cape Cod）太空军站、北达科他州的卡瓦列（Cavalier）太空军站、阿拉斯加州的克利尔（Clear）太空军站等提供支持。

就 9 支太空德尔塔部队而言，第 2 太空德尔塔部队承担天域感知任务，负责实施天域感知行动以威慑进攻，并在遭遇在太空、通过太空及从太空的进攻时为护卫美国及其盟友而战。第 3 太空德尔塔部队承担太空电子战任务，负责通过持续实施太空电子战以主宰太空领域。第 4 太空德尔塔部队承担导弹预警任务，负责给美国及其国际伙伴提供战略及战场导弹预警。第 5 太空德尔塔部队承担指挥与控制任务，对太空部队行使作战指挥与控制以达成战区及全球目标。第 6 太空德尔塔部队承担网络空间作战任务。第 7 太空德尔塔部队承担"情监侦"任务，负责实施全球"情监侦"行动以赢得并保持太空领域信息主导权。第 8 太空德尔塔部队承担卫星通信与导航任务，负责向作战人员及文职用户提供全球性"定位、导航与授时"信号，并向美国总统、国防部长、国家决策者、战区指挥官及全球战略及战术部队提供美国受保护、有保障的军事卫星通信。第 9 太空德尔塔部队承担轨道战任务，负责执行护卫作战、为国家决策机构提供威慑及在必要时挫败轨道威胁的响应选项、通过实施天基战场空间表征行动支持天域感知为美国太空军开展在轨实验和技术验证。第 18 太空德尔塔部队负责运营美国情报界的第 18 个成员——美国太空军国家太空情报中心，并提供关于外国太空能力及太空作战威胁的情报。

美国太空军太空系统司令部下辖第 30 太空发射德尔塔部队、第 45 太空发射德尔塔部队以及第 3 太空军基地德尔塔部队。其中第 30 太空发射德尔塔部队支持美国西海岸的各类发射活动，既支持一次性和可重复使用火箭的发射，也支持所有洲际弹道导弹的开发与评估及导弹防御局的测试与行动。第 45 太空发射德尔塔部队支持美国东海岸的太空发射活动。第 3 太空军基地德尔塔部队为洛杉矶空军基地提供支持。此外，太空系统司令部还充当美国太空军与空军研究实验室的主要桥梁，并为太空快速能力办公室提供有选择的行政和集成支持。

美国太空军太空培训与战备司令部下设 5 支太空德尔塔部队，除了第 1 太空德尔塔部队驻扎在范登堡太空军基地以外，太空培训与战备司令部总部及其余德尔塔部队永久驻地待定。第 1 太空德尔塔部队承担培

第四章　美军太空体制

```
                        美国空军部长
                             │
                  美国太空军太空作战部长
                        （四星）
                             │
        ┌────────────────────┼────────────────────┐
  太空作战分析中心                        美国太空军与国家侦察办公室的
    （独立机构）                                协调机构
                                                （两星）
                             │
        ┌────────────────────┼────────────────────┐
   太空作战司令部          太空系统司令部        太空培训与战备司令部
      （三星）                （三星）                （两星）
```

太空作战司令部		太空系统司令部	太空培训与战备司令部
西部太空作战司令部	第1太空军基地德尔塔部队	第3太空军基地德尔塔部队	第1太空德尔塔部队（培训）
第2太空军基地德尔塔部队	第2太空德尔塔部队（天域感知）	第30太空发射德尔塔部队	第10太空德尔塔部队（条令与战争模拟）
第4太空德尔塔部队（导弹预警）	第3太空德尔塔部队（太空电子战）	第45太空发射德尔塔部队	第11太空德尔塔部队（试验场与进攻）
第6太空德尔塔部队（网络战）	第5太空德尔塔部队（指挥与控制）		第12太空德尔塔部队（测试与评估）
第8太空德尔塔部队（卫星通信与导航）	第7太空德尔塔部队（情监侦）		第13太空德尔塔部队（教育）
第9太空德尔塔部队（轨道战）	第18太空德尔塔部队（国家太空情报中心）		

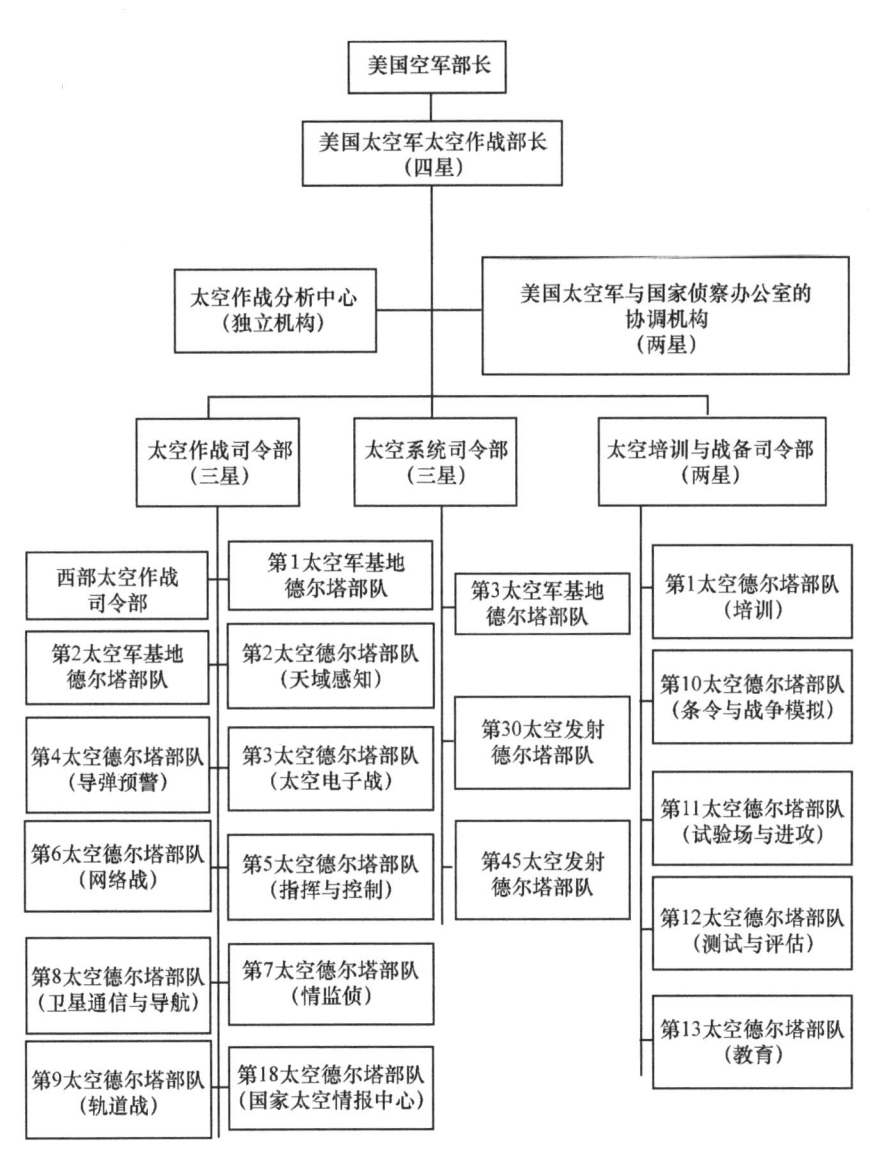

图 4-3　美国太空军组织架构

资料来源：作者自制。

训任务，负责提供初级技能培训、专业作战人员后续培训、高级培训活动与课程。第 10 太空德尔塔部队承担条令与战争模拟任务，负责制定美国太空军条令与战术、实施美国太空军经验教训学习项目、开展及支持战争模拟。第 11 太空德尔塔部队承担试验场与进攻任务，负责以太空进攻者的形式提供专业模拟敌方支持和真实、知悉威胁的测试与培训环境。第 12 太空德尔塔部队承担测试与评估任务，负责对美国太空军能力进行独立测试与评估，为武器系统采购、作战接收及战备决策提供及时、准确的专业信息。第 13 太空德尔塔部队承担教育任务，下辖沃斯勒未委任军官学院、国家安全太空学院、第 13 德尔塔作战中队、第 13 太空德尔塔部队第 1、2 分遣队，负责提供机构培养教育和高级教育项目。

此外，2021 年 3 月，太空作战分析中心作为一个美国太空军的独立机构在华盛顿成立。太空作战分析中心直接向美国太空军太空作战部长汇报，其任务是通过分析、建模、战争模拟及试验为美国太空军制定新的作战概念和兵力设计方案，并集成国防部和情报界相关活动，是美国太空军太空安全战略与规划的中心。2021 年下半年太空作战分析中心完成第一项兵力设计，即导弹预警和跟踪能力设计，接下来的优先事项是制定一个建设天基战术"情监侦"架构、地面移动目标指示（GMTI）和近地轨道太空信息传输层的蓝图。

最后，美国太空军的体制建设并未止步于美国本土，而是向全球延伸。在印太地区，继 2022 年 11 月美国太空军第一个地理性部门司令部——美国印太司令部美国太空军司令部——成立以后，12 月美国太空军又在其下成立驻韩美国太空军司令部。在中东地区，2022 年 12 月美国太空军在佛罗里达州麦克迪尔空军基地成立美国中央司令部美国太空军司令部。未来美国太空军还计划在美国欧洲司令部成立地理性部门司令部。

在美国太空军组织架构逐步落实的过程中，相关更名工作也逐步展开。2020 年 12 月，佛罗里达州的卡纳维纳尔角空军站和帕特里克（Patrick）空军基地更名为卡纳维纳尔角太空军站和帕特里克太空军基地。2021 年 6 月，巴克利空军基地更名为巴克利太空军基地，科德角空军站更名为科德角太空军站，卡埃纳角卫星跟踪站更名为卡埃纳角太空军站，克利尔空军站更名为克利尔太空军站；7月，新波士顿空军站和彼得森空军基地、施里弗空军基地、夏延山空军站以及卡瓦列空军站先后更名为新波士顿太空军站、彼得森太空军基地、施里弗太空军基地、夏延山太空军站、卡瓦列太空军站。

2020年12月，美国太空军全体官兵获得"护卫队"（Guardians）[①]的正式统一称谓。2021年1月底，美国太空军公布军衔设置，2月1日正式生效。除个别例外，美国太空军军衔基本承袭美国空军军衔。

表4-1　　　　　　　　　美国太空军军衔列表

士官军衔		军官军衔	
军阶	军衔	军阶	军衔
士兵一级	一级专业兵	军官一级	少尉
士兵二级	二级专业兵	军官二级	中尉
士兵三级	三级专业兵	军官三级	上尉
士兵四级	四级专业兵	军官四级	少校
士兵五级	中士	军官五级	中校
士兵六级	技术中士	军官六级	上校
士兵七级	军士长	军官七级	准将
士兵八级	高级军士长	军官八级	少将
士兵九级	总军士长	军官九级	中将
士兵九级	太空军总军士长	军官十级	上将

资料来源：Secretary of the Air Force Public Affairs, "Space Force Releases Service-specific Rank Names", January 29, 2021, https://www.spaceforce.mil/News/Article/2487814/space-force-releases-service-specific-rank-names/。

总之，美军太空体制的演进一波三折，不仅充满了白宫与国会之间

[①] 这一称呼可追溯到1983年美国空军太空司令部的座右铭"高边疆的护卫队"。美国陆军官兵称Soldier，空军称Airman，海军称Sailor，海军陆战队称Marine，海岸警卫队称Coast Guardsman。

的府会之争和民主与共和两党之间的"驴象"之争,长期为军种之间的博弈所困,而且反复上演分分合合的戏码。虽然美军太空体制建设不可能毕其功于一役,而将继续根据形势的变化不断调整,但随着新一轮国家安全太空体制重组基本尘埃落定,美军太空采办、部队建设和指挥体制已具雏形。

更重要的是,美军太空体制重组始终以作战为导向。2020年9月,美国太空军太空系统司令部成立"项目集成委员会",除太空系统司令部、太空开发局、太空快速能力办公室、空军快速能力办公室、导弹防御局、国家侦察办公室、太空作战分析中心7个核心成员外,还汇集了作战人员、美国空军部国际事务办公室、商业部门及众多国家安全与军事实验室的代表。项目集成委员会的核心成员轮流担任主席,每月召开一次会议。成员机构相互给予安全审查许可,可以分享各自太空采办计划的信息。2021年,美国国防部联合需求监督委员会又正式指定美国太空军为"所有联合太空需求的集成者",赋予其在国防部内更大的协调权限。为了强化太空系统开发与太空作战应用之间的联系,美国太空军太空系统司令部将其主要采购工作整合为"确保进入太空""战斗管理、指挥、控制与通信""天域感知与战斗力""通信与定位、导航、授时"和太空遥感5个项目执行办公室,并成立作战人员集成办公室负责集成。此外,作战人员集成办公室还计划向印太司令部、美国太空司令部、非洲司令部、欧洲司令部等作战司令部派驻代表。作为太空系统司令部与作战指挥部之间的桥梁,这些代表在征集作战指挥官的太空系统采办需求的同时,又将太空系统司令部正在开发的太空能力反馈给作战司令部以便后者开展作战模拟和演习,随后作战模拟和演习得来的经验教训又反馈给太空系统司令部以确保其开发的太空能力真正能够契合作战需求。

为配合美国太空军的太空作战任务导向,非作战任务的剥离也提上议事日程。为了让五角大楼专注于监视来自敌对太空资产的威胁,2018年6月,特朗普发布第3号总统太空政策指令[1],授命美国商务部承担

---

[1] The White House, *Space Policy Directive-3*, *National Space Traffic Management Policy*, June 18, 2018, https://trumpwhitehouse.archives.gov/presidential-actions/space-policy-directive-3-national-space-traffic-management-policy/.

领导民事太空交通管理的责任，具体由其所属太空商业办公室建立结合了政府及商业太空态势感知数据的开放架构数据存储库，负责卫星和轨道碎片跟踪事宜并向民事、商业及外国卫星运营商发布碰撞预警。开放架构数据存储库预计2024年具备初始运行能力，届时美国太空军跟踪太空物体及发布在轨碰撞预警即所谓"太空交警"的任务将完成移交。

另外，为提升美国太空军太空作战能力，美国太空军还积极兴建太空研发新设施。2020年10月，美国空军和太空军的主要研究机构空军研究实验室投资400万美元建设致力于开发可部署太空架构的可部署架构实验室；2021年3月，投资350万美元建设天波技术实验室，用于开展太空环境及其对军事系统的影响的研究；5月，投资1280万美元建设致力于太空作战技巧前沿研究的太空作战行动研发实验室；9月，投资600万美元兴建战争模拟与高级研究仿真实验室，将入驻定向能和航天器部的战争模拟和仿真分支机构。另外，2021年7月，太空与导弹系统中心投资1700万美元建设交会与抵近卫星作战中心，利用卫星样机和载荷推进在轨试验与验证。[①] 为推进一体化测试，2022年5月，美国太空军发布《太空测试事业愿景》，提出要建设国家太空测试与培训综合体。待建成后，国家太空测试与培训综合体将为测试与评估太空作战系统以及为美国太空军提供一个模拟威胁的培训环境发挥基础性作用。

毋庸讳言，美军太空采办机构叠床架屋、各自为政不仅导致了太空项目的碎片化、加剧了重复建设与机构竞争，而且效率低下。美国太空司令部的重建和美国太空军的成立大大促进了美军太空能力、权限的集中，有利于提高效率。随着2022年6月、8月美国海军、美国陆军先后正式向美国太空军移交其所掌管的窄带卫星通信系统、宽带卫星通信系统及相关机构，美军首次形成由一个军种掌管所有军事卫星通信系统的格局。不过，美军太空采办体制重组并未能打破美国太空采办机构林立的格局。2016年美国审计署披露美国涉及太空采办事宜的机构多达60

---

① Nathan Strout, "Space Force Opens Facility to Improve War-fighting Capabilities", *Defense News*, July 9, 2021, https://www.c4isrnet.com/battlefield-tech/space/2021/07/08/space-force-opens-up-new-operations-center-to-improve-war-fighting-capabilities/.

个,到 2022 年,太空采办机构不减反增,达 67 个。① 而美国府会、"驴象"之争和军方与情报界之间的利益博弈和地盘争夺仍将延续,比如美国白宫、国会与五角大楼尚未就成立太空国民警卫队达成共识。美军各军种也不会就此止争,比如在战术"情监侦"领域,除了各军种传统的"国家能力的战术利用"项目以外,还包括美国太空军的天基地面运动目标指示项目、美国陆军的战术卫星层项目、太空开发局的"扩散作战人员太空架构"②的跟踪层等,未来如何协调整合还是个未知数。

另外,新生的美国太空军仍"人微言轻""势单力薄"。作为最小军种,美国太空军总人数约 1.6 万人,不到美国空军(65 万人)的 1/41、美国海军陆战队(约 18 万人)的 1/10,约为现役美国海岸警卫队的 1/3,与美国陆军的一个现役师大体相当。美国太空军总部约 600 人,也远小于其他军种总部数千人的规模。2022 年美国太空军 175 亿美元的预算请求仅占五角大楼 7150 亿美元总预算请求的 2.4%。未来美军独立太空军事学说的形成、美国太空军特有文化的培养也还有漫长的路要走。

---

① Theresa Hitchens, "New Space Force Acquisition Exec Eschews More Reorganization", *Breaking Defense*, June 29, 2022, https://breakingdefense.com/2022/06/new-space-force-acquisition-exec-eschews-more-reorganization/.
② 原名"国防太空架构",2023 年 1 月更名。它以扩散(数百颗近地轨道小卫星)和螺旋式(迭代)开发为支柱,由传输、战斗管理、跟踪、监管、导航、威慑、支持 7 个功能层组成。

第五章

美军太空装备

> 工欲善其事，必先利其器。
>
> ——《论语·卫灵公》

作为世界头号太空军事强国，美国目前拥有世界上最完备、最先进的太空军事装备，在质量和数量上无出其右。美军太空装备主要分为作为赋能器和军力倍增器的军事太空系统和用于赢得太空优势的太空对抗系统两大类。

第一节 作为赋能器和军力倍增器的军事太空系统

美军作为赋能器和军力倍增器的军事太空系统主要包括侦察[①]、通信以及导航卫星三大类，在美军常规地面作战中发挥着不可或缺的重要作用。

一 侦察卫星

1955年2月，应美国艾森豪威尔总统要求成立的国防动员办公室科学顾问委员会技术能力小组提交绝密报告《应对突袭威胁：科学顾问委

[①] 某些侦察卫星虽然隶属国家侦察办公室，但在美军地面冲突中发挥越来越重要的作用，故纳入。

员会技术能力小组呈送总统的报告》。这份被称为美国"未来30年科学努力的圣经"的报告强调利用科技进步开发新空天能力来防范苏联对美国发动"珍珠港"式核突袭,其结果是U-2高海拔侦察机和太空侦察项目即侦察卫星的开发建设。① 美军侦察卫星主要包括对地观测、电子侦察、导弹预警和气象卫星四类,不仅形成了成像侦察卫星、电子侦察卫星和导弹预警卫星三位一体的侦察预警卫星体系,而且气象卫星也居世界领先水平。

(一) 对地观测卫星

对地观测指利用合成孔径雷达、高光谱成像和射频绘图等遥感技术收集和分析地球土壤、大气、海洋等的物理和地形特征。美军对地观测卫星主要包括"锁眼""长曲棍球/缟玛瑙"及其后继者"黄玉/未来成像架构项目—雷达"系列卫星,主要提供地理空间情报,即利用、分析图像与地理空间信息来描绘、评估和视觉呈现地球物理特征以及与地理相关的活动的情报,包括图像、图像情报和地理空间(如绘图、制图及测地等)信息等。

1958年开始建设的"锁眼"近地轨道光学侦察卫星是美军及情报部门的主要地球图像来源。自1959年首次发射以来,"锁眼"系列卫星累计发射300多次,成功部署250多颗卫星入轨,包含"科罗纳""阿尔贡""绶带""策略""六角体""凯南""水晶""改进型水晶""高级凯南"等多种型号。

1959年到1972年间部署的"科罗纳"卫星作为美国第一代摄影侦察卫星共执行150多次任务,其中仅1960年8月发射的"科罗纳"卫星就获得了9公斤重的胶卷,覆盖面积比历次U-2间谍飞机任务拍摄面积的总和还要大,"带来了美国情报能力的革命"。② 早期"锁眼"卫星作为返回式光学成像卫星,不仅设计寿命短,而且时效性差,不能为突发事件及时提供情报。随着1976年第一颗"锁眼-11"系列卫星"凯南"

---

① Aaron Bateman, "Technological Wonder and Strategic Vulnerability: Satellite Reconnaissance and American National Security during the Cold War", *International Journal of Intelligence and Counter-Intelligence*, Vol. 33, No. 2, 2020, pp. 328-353.

② Jeffrey T. Richelson, *The Wizards of Langley: The CIA'S Directorate of Science and Technology*, Boulder Co: Westview Press, 2001, p. 22.

的发射入轨,"锁眼"系列卫星从胶片时代过渡到光电成像时代。作为第一代数字传输型详查光学成像侦察卫星,"凯南"为返回式"锁眼"系列卫星画上了句号。"锁眼-11"系列卫星可执行长时段任务并几乎可以同时传回数字图像,所获信息可用于实时决策和战略预警,而非主要用于撰写苏联战略能力和武器系统技术评估报告,由此改变了美国卫星情报的使用方式,带来了"情报收集的又一场革命"。[①] 随着"锁眼"系列卫星的升级换代,其性能也不断提升,"科罗纳"卫星分辨率仅约1.8—7.6米,而搭载可见光、红外、多光谱和超光谱传感器等多种光学成像侦察设备的"高级凯南"最高分辨率达到0.08米,[②] 是世界上分辨率最高的光学成像侦察卫星。

"锁眼"卫星虽然性能强大,但作为光学成像卫星无法穿透云雾和黑暗,而合成孔径雷达成像卫星不受天气和光线条件影响,能够探测到光学成像卫星力不能及的材料属性、水分含量、精确移动、海拔等数据,可以生成二维或三维图像。为弥补"锁眼"系列卫星的不足,1976年美军启动"长曲棍球"低轨雷达成像侦察卫星的建设。美军1988年到2005年间共发射2批5颗"长曲棍球"卫星上天。"长曲棍球"卫星轨道海拔高度670—703千米,其中3颗轨道倾角57°,另外2颗轨道倾角68°,具备全天候、全天时侦察能力,适于跟踪舰艇和装甲车辆的活动、监视弹道导弹的动向、发现伪装的武器及识别假目标等,最高分辨率达0.3米。作为美国国家侦察办公室最隐秘的卫星星座之一,"长曲棍球"星座2008年才解密。

1999年,国家侦察办公室又启动未来成像架构项目,其中被设计为"锁眼"系列卫星后继者的光学成像卫星于2005年最终被取消,而"黄玉"作为"长曲棍球"卫星后继者的雷达成像卫星在2010年到2018年间共部署5颗卫星入轨。"黄玉"雷达成像卫星在海拔1100千米、倾角123°的逆行轨道运行,其分辨率与"长曲棍球"相同乃至更高,但体积

[①] Dwayne A. Day and Asif Siddiqi, "The Paper Chase: Declassifying and Releasing Space History Documents from the Cold War", *The Space Review*, April 5, 2021, https://thespacereview.com/article/4153/1.

[②] Database of Observation Satellites, last updated 23 April 2022, https://datawrapper.dwcdn.net/LsEzD/24/.

更小、成本更低。

（二）电子侦察卫星

电子侦察卫星又称信号情报卫星，主要收集通信情报和电子情报。[①]通信情报指通过截获、解调、解密、解读通信信号而获取的情报，包括通信信息的来源和内容；电子情报指通过测量和分析电磁信号（雷达、遥控、遥测）获取电子目标的特性和部署情况，其主要针对的目标是轰炸机以及用于导弹攻击预警、反弹道导弹制导、太空跟踪与情报的雷达等。电子侦察卫星分普查型和详查型。美国是世界上最早研制、发射并使用电子侦察卫星的国家。在苏联"旅伴1号"发射上天数周之内美国即开启了电子侦察卫星项目。美国第一颗侦察卫星"银河辐射与背景"电子侦察卫星由美国海军开发和运行，1960年6月发射升空，1961年底更名为"罂粟"（1977年退役）并于1962年从美国海军转隶国家侦察办公室。"罂粟"以探测苏联地面防空雷达为目标，除了证实苏联防空雷达远超美国空军战略空军司令部的预想并促使后者修正其打核大战的进攻性战略，还首次估算了苏联预警与空基监视雷达的地理分布。

从20世纪60年代至今，美军及情报部门共研制和发射了5代电子侦察卫星，数量众多、功能齐全、种类完备。第一代电子侦察卫星"雪貂""罂粟"等为近地轨道卫星，第二、三、四、五代主要为地球同步轨道和大椭圆轨道卫星。

表 5-1　　　　　　　　美国主要电子侦察卫星列表

轨道类型	第1代 (20世纪60年代)	第2代 (20世纪70年代)	第3代 (20世纪80年代)	第4代 (20世纪90年代)	第5代 (21世纪以来)
地球同步轨道		"峡谷""流纹岩""水中漫舞"	"小屋""漩涡""大酒瓶""猎户座"	"高级漩涡/水星""导师"	"入侵者""徘徊者""高级导师猎户座"
大椭圆轨道			"折叠椅"	"号角"	

[①] 情报通常分为信号情报与图像情报、人工情报三种。

续表

轨道类型	第1代 (20世纪60年代)	第2代 (20世纪70年代)	第3代 (20世纪80年代)	第4代 (20世纪90年代)	第5代 (21世纪以来)
近地轨道	"雪貂""银河辐射与背景/罂粟"	"雪貂子卫星"	"命运三女神/白云"	天基广域监视系统	

资料来源：总装备部电子信息基础部：《美国军事航天装备》，第18页；尹志忠主编：《世界军事航天发展概论》，第211—212页。

（三）早期预警卫星

早在1948年，美国政府科学家就开始研究根据弹道导弹发射时产生的热能来探测跟踪弹道导弹的可能性。迄今为止，美国空军已先后建成"导弹防御警报系统""国防支持项目"和"天基红外系统"三代导弹预警卫星系统。

1960年到1966年间部署的"导弹防御警报系统"作为美国第一代早期预警卫星星座，能够提供粗略的苏联洲际弹道导弹发射红外早期预警。其后继者"国防支持项目"源于1966年8月获批的"949项目"，1969年更名"国防支持项目"。从1970年11月首发到2007年12月最后一次发射，"国防支持项目"共发射23颗卫星，整个星座预计服役到21世纪30年代。"国防支持项目"卫星利用能够感知导弹羽流的热红外探测器来探测弹道导弹发射和核爆炸，能够在弹道导弹发射30—90秒之内提供持续的全球羽流探测，设计目标是发布对美第一波弹道导弹攻击的早期预警，是北美早期预警系统的关键组成部分。1991年海湾战争期间，它被用于跟踪伊拉克"飞毛腿"战术导弹发射。

1995年启动的"天基红外系统"作为"国防支持项目"的后继项目，原计划包括高轨与低轨两部分，其中高轨部分主要用于主动段的侦察与监视，低轨部分主要用于搜索和跟踪中段飞行段的目标导弹发热弹体和冷再入弹头。通过高轨与低轨卫星组网，"天基红外系统"可实现对战术和战略导弹发射的助推段、中段飞行段、再入段的全程探测与跟踪，达到对目标的全程覆盖。原计划的低轨部分在2002年11月被五角大楼更名为"太空跟踪与监视系统"，"天基红外系统"则是原计划的高轨部分。

"太空跟踪与监视系统"是一个可同时探测并跟踪多个目标的系统，弹道导弹防御系统可下载其感知数据用于导弹拦截。2009年9月，2颗"太空跟踪与监视系统"验证星发射入轨，运行轨道海拔高度1350千米。2013年2月，美国海军装备海基"宙斯盾"导弹防御系统的"伊利湖号"巡洋舰根据"太空跟踪与监视系统"的跟踪数据，成功拦截了一枚中程弹道导弹，验证了利用轨道传感器数据拦截弹道导弹的可行性，推进了天基导弹预警的概念。实验性"太空跟踪与监视系统"总计在轨运行12年多，2022年3月退役。

"天基红外系统"包括4颗地球同步轨道卫星和2台大椭圆轨道载荷，能够24小时不间断探测跟踪全球弹道导弹，满足美军的导弹早期预警、导弹防御、战场态势感知及战区技术情报需求。其中地球同步轨道卫星载有可持续监视全球的高速扫描红外探测器和可为战场任务提供支持的高分辨率凝视型红外探测器，可覆盖近红外、中红外和地面可见光，主要用于探测和发现助推段弹道导弹；大椭圆轨道载荷采用闪电轨道，轨道远地点位于北半球，主要覆盖地球同步轨道卫星的探测盲区，增加对北半球高纬度地区，特别是北极附近区域洲际导弹和潜射导弹发射的监视时间。每台大椭圆轨道载荷的北极地区观察时间不少于12小时，通过2台载荷交替工作，可实现对北半球高纬度地区全天24小时持续监视。大椭圆轨道载荷于2006年11月首发，6颗"天基红外系统"地球同步轨道卫星也于2011年、2013年、2017年、2018年、2021年、2022年先后发射入轨，其中第5、6颗地球同步轨道卫星将取代第1、2颗卫星。

"天基红外系统"是目前美军导弹预警卫星的主力，可同时开展广域和特定狭小区域监视，而"国防支持项目"卫星只能执行一种任务。除主要担负导弹探测任务外，"天基红外系统"的红外摄像机还可用于帮助创建飞机、导弹及其他军事硬件电磁及红外特征目录。"天基红外系统"重访率2倍于"国防支持项目"星座，其红外传感器的灵敏度3倍于"国防支持项目"星座，并可在多个红外波长工作，不仅能够更快地探测导弹发射，而且能够识别导弹的类型、燃烬速度、轨迹和撞击点。

得益于其三轴稳定及12年的单星设计寿命，"天基红外系统"的地球同步轨道卫星的指向精度高达0.05°。2020年1月，作为对美军暗杀伊朗伊斯兰革命卫队圣城旅指挥官苏莱曼尼（Qassem Soleimani，1957—2020年）的回应，伊朗对驻伊拉克美军发动报复性导弹攻击，"天基红外系统"的及时预警使美军虽遭受了物资损失及110人受伤，但无一死亡。

2018年启动的"下一代过顶持续红外系统"作为"天基红外系统"的后继系统，旨在增强进而替代"天基红外系统"，将提供针对敌方所有类型弹道导弹的发射助推段预警。第一代"下一代过顶持续红外系统"计划发射5颗卫星，包括3颗地球同步轨道卫星和2颗大椭圆轨道极轨卫星，预计2029年开始运行，其中地球同步轨道卫星负责监控全球，极轨卫星负责监控北极上空。

从代际能力的增量情况来看，"国防支持项目"卫星只具备导弹助推段跟踪能力；"天基红外系统"采用了中长波和长波红外系统，在导弹发动机关机后，对中段飞行段的导弹弹头仍然具备较强跟踪能力。"下一代过顶持续红外系统"凭借更敏感、更精确的传感器，能够更好地探测跟踪高超声速武器等非弹道导弹更加微弱的红外特征；凭借更高的下行数据速率，能够帮助缩短导弹防御行动的滞后时间。

另外，美国太空开发局与导弹防御局正携手合作开发"扩散作战人员太空架构"天基跟踪层，利用宽视场和中视场卫星对包括高超声速导弹在内的先进导弹威胁的全球指示、探测、跟踪及与其他天基导弹预警能力的全面集成，来为当前及未来导弹防御行动提供高度精确的火控方案。具体而言，太空开发局开发的宽视场卫星作为地球同步轨道试验卫星能够跟踪高超声速武器，并能持续覆盖全球的三分之一，而导弹防御局开发的"高超声速与弹道跟踪天基传感器"卫星作为中视场卫星可为武器截击提供瞄准方案。2022年7月，2颗宽视场导弹预警卫星发射升空。

（四）气象卫星

1960年4月，美军发射世界第一颗试验气象卫星"电视红外观测卫星—1"。而最初以"国防系统应用项目"或"417项目"命名的"国防气象支持项目"原本是国家侦察办公室的机密项目，20世纪60年代中期转交给美国空军，1973 年首次公开并更名为"国防气象支持项目"。"国防气象支持项目"星座采用双星运行体制，对可见光和云层进行照相，扫描宽度达 3000 千米，不仅可以开展地面气象观测，测量大气垂直湿度与温度，提供雾、雷暴、沙尘暴以及热带气旋预报；而且可以开展太空天气预报，评估自然环境对弹道导弹早期预警雷达系统、远程通信及卫星通信的影响，监控全球极光活动并预测太空环境对卫星操作的影响。目前 4 颗在役"国防气象支持项目"极轨卫星每天绕地 14 次，预计将在 2023 年年底到 2026 年之间退役。

从 20 世纪 60 年代初到 1994 年，美国军事（"国防气象支持项目"）和民事（"极地轨道环境观测卫星"）气象卫星一直分开运行。1994 年，白宫与国会要求五角大楼、国家宇航局和国家海洋与大气管理局把极轨项目合并为"国家极地轨道环境观测卫星系统"，在"国家极地轨道环境观测卫星系统"因费用飙升在 2010 年 2 月被取消后，又指示国防部和商务部重新分开运行，国防部负责晨间天气预报的极轨卫星，国家海洋与大气管理局负责上午十点及午后天气预报的极轨卫星，但美国空军 2011 年启动的"国防气象卫星系统"项目再因成本问题在 2012 年被国会勒令终止。2017 年，美国空军最终决定用两个项目来接替"国防气象支持项目"，一个是用于测量海洋风、雨、雪、冰、土壤湿度及监测太空天气的 2 颗"气象系统后继微波"极轨卫星，另一个是用于满足对全球云的表征和战区天气图像需求、为美军作战提供关键环境数据和气象预测的"极轨光电/红外气象系统"星座。预计 2 颗"气象系统后继微波"卫星将分别于 2023 年、2028 年发射，第一批"极轨光电/红外气象系统"卫星于 2026 年发射。[①]

二 通信卫星

通信卫星提供作战指令下达、战场态势报告、卫星侦察图像、卫星气象、数字地图以及语音、视频信息的实时传输等服务，是军事指挥与

[①] Sandra Erwin and Brian Berger, "A Race against Time to Replace Aging Military Weather Satellites", *SpaceNews*, May 24, 2021, https://spacenews.com/a-race-against-time-to-replace-aging-military-weather-satellites/.

控制的核心能力。通信卫星的工作频段集中在特高频、超高频和极高频。

表 5-2　　　　　　　　　　卫星频段及其应用

频段	频率	应用
特高频	0.3—3 千兆赫	电视广播、移动卫星通信、地面移动、射电天文学、空中交通控制雷达、全球定位系统、移动用户目标系统、"特高频后继星"
L 频段	1—2 千兆赫	航空无线电导航、射电天文学、地球观测卫星
S 频段	2—4 千兆赫	太空研究、固定卫星通信
超高频	3—30 千兆赫	卫星电视、国防卫星通信系统、"宽带全球卫星通信"星座
C 频段	4—8 千兆赫	固定卫星通信、气象卫星通信
X 频段	8—12 千兆赫	固定卫星广播、太空研究
Ku 频段	12—18 千兆赫	移动及固定卫星通信、卫星广播
K 频段	18—27 千兆赫	移动及固定卫星通信
Ka 频段	27—40 千兆赫	星间通信、移动卫星通信
极高频	30—300 千兆赫	遥感、"军事星"、"先进极高频系统"、转型卫星通信系统
毫米波	40—300 千兆赫	太空研究、星间通信

资料来源：U. S. Air University, *AU-18 Space Primer*, Maxwell AFB, AL: Air University Press, September 2009, p. 186。

自 1958 年 12 月美国空军把世界上第一颗通信卫星 "斯科尔"[1] 发射入轨迄今，美军已经拥有了世界上最完备的窄带、宽带、受保护卫星通信系统。其中窄带卫星通信系统使用 0.3—3 千兆赫的特高频频段，与其他类型的卫星通信相比，更不易受恶劣天气、密林、城市地形的影响；[2] 宽带卫星通信系统使用 3—30 千兆赫的超高频频段，支持高质量语音和图像等高数据速率全球通信；受保护卫星通信系统使用 20—60 千兆赫频段，提供安全、有保障的通信。窄带卫星通信系统支持需要低数据速率的移动用户，宽带卫星通信系统通常支持高容量通信，受保护卫星

---

[1] Satellite Communications by Orbiting Relay Equipment，意为"通过在轨运行中继设备实现的卫星通信"，由高级研究项目局研制。

[2] United States Government Accountability Office, *Satellite Communications: DOD Should Explore Options to Meet User Needs for Narrowband Capabilities*, GAO-21-105283, September 2021, pp. 3-4.

通信系统难以篡改，可防止并能经受核攻击。通常作战人员主要使用窄带卫星通信系统；大数据和情报任务使用宽带卫星通信系统；战略核力量使用受保护卫星通信系统。

（一）窄带卫星通信系统

目前，美军窄带卫星通信依赖"舰队卫星通信系统""特高频后继星"系统及"移动用户目标系统"三大系统。"舰队卫星通信系统"星座1971年9月启动、1978年2月首发、1980年开始运行，由5颗地球同步轨道业务星、1颗备用星组成，覆盖南北纬70°之间的广阔地区，为全球范围内美军舰艇、飞机及陆基平台提供通信服务，是一个主要为海军服务（兼顾空军）的战术通信系统。"特高频后继星"系统1993年3月开始发射、2000年2月开始全面运营、2003年12月完成部署，共发射11颗地球同步轨道卫星，主要服务美军舰艇、飞机、各种固定及移动平台，提供移动话音和数据通信服务。"特高频后继星"卫星的信道是"舰队卫星通信系统"卫星的2倍，每个信道的传输能力比"舰队卫星通信系统"卫星提高了10%。

"移动用户目标系统"2004年开建、2012年2月首发、2016年6月完成部署、2019年10月全面运营，是一个多军种窄带、超视距、点对点网络化卫星通信系统，由4颗地球同步轨道卫星、1颗在轨备份卫星和4个位于美国弗吉尼亚州诺福克（Norfolk）、夏威夷州瓦希阿瓦、澳大利亚考杰里拿（Kojarena）、意大利西西里（Sicily）的地面中继站组成。"移动用户目标系统"采用新的宽带码分多址波形，能够为移动中的美军提供更加强大而安全的语音、视频和数据通信。每颗"移动用户目标系统"卫星携带2台维持"特高频后继星"系统和新的宽带码分多址通信能力的载荷，设计寿命15年。作为新一代窄带军事卫星通信系统，"移动用户目标系统"通信容量10倍于"特高频后继星"系统。不过，由于美军各军种迟迟未能向用户提供适配的无线电终端设备，迄至2023年初这一优势尚未能变成现实。为延长服务寿命，美国太空军计划未来再采购2颗"移动用户目标系统"卫星。新的卫星功率更大、通信能力更强，目标发射日期为首星退役之际的2029年或2030年。

（二）宽带卫星通信系统

美国现有宽带军事通信卫星能力主要包括互为补充的"国防卫星通

信系统""全球广播系统"和"宽带全球卫星通信"星座三大系统。其中"国防卫星通信系统"和"宽带全球卫星通信"星座都使用超高频 X 频段，易受天基干扰器的影响。"国防卫星通信系统"卫星分三代，分别是 1966 年到 1968 年间发射入轨的"初始国防通信卫星项目"卫星，1969 年开始研制、1971 年 11 月首发、20 世纪 80 年代初实现全球覆盖的第二代"国防卫星通信系统"卫星，以及 1974 年开始研发、1982 年 10 月首发、2003 年 8 月完成部署的第三代"国防卫星通信系统"卫星。其中第三代"国防卫星通信系统"卫星用于国防部官员与战场指挥官之间的战时信息交流等高优先级通信，能够为美军及其盟友的全球固定及移动用户提供不被干扰的安全语音和高数据速率通信。

"宽带全球卫星通信"星座源自 1997 年 8 月推出的"宽带填隙卫星"项目，2007 年 1 月改称"宽带全球卫星通信"，其地位也从"填隙者"变为支柱系统。2007 年到 2019 年间先后发射 10 颗"宽带全球卫星通信"卫星入轨，在建的"宽带全球卫星通信-11"预计 2024 年交付，"宽带全球卫星通信-12"也即将开建。"宽带全球卫星通信"星座能够服务南北纬 65°之间的美国及盟军作战人员，为其提供语音、视频会议、情报文件和天气数据等高数据速率大容量通信服务。作为美军容量最大的军事通信卫星星座，单颗"宽带全球卫星通信"卫星比整个现存"国防卫星通信系统"的通信容量还多。

（三）受保护卫星通信系统

受保护卫星通信指为了确保卫星通信的安全可靠，在常规卫星通信传输的可靠信号发射和接收措施之外还采取了增大天线口径、提高功率、改变调制类型、使用高定向性点波束、扩频及跳频技术等保障措施，具备抗干扰、抗闪烁、窃听和探测概率低等优点。"军事星""先进极高频系统""增强型极地系统"为美国战略和战术力量在各种级别的冲突中提供安全、可靠的卫星通信，堪称美军生命线。

1987 年启动的"军事星"由 5 颗 1994 年到 2003 年间发射入轨的地球同步轨道卫星组成，是一个全球覆盖、安全、核生存能力高的多军种联合卫星通信系统，能够为美国总统、国防部长及美军提供有保障的 24 小时卫星通信。通过星上完成所有通信处理和网络路由，"军事星"既消除了建设地面中继站的需要，又降低了被地面窃听的可能性。

"先进极高频系统"由 6 颗 2010 年到 2020 年间发射入轨的卫星组成，2015 年初始运行。作为一个旨在取代"军事星"的多军种卫星通信系统，"先进极高频系统"不仅实现了星间互连，而且增加了路由功能和部分星上处理能力，可以直接处理用户端的请求，提供点对点全球通信和网络服务，其相控阵天线还有助于消除无线电干扰，具有加密级别高、窃听和探测概率低、抗干扰和能穿透核爆引起的电磁干扰等特征，能够为美军用户传送实时视频、战场地图及瞄准数据。"先进极高频系统"在极高频频段（44 兆赫兹上行链路）和超高频频段（20 兆赫兹下行链路）工作，单颗"先进极高频系统"卫星的通信能力比整个"军事星"星座的 3 倍还多，整个星座的通信容量和覆盖范围提升 10 倍以上。"先进极高频系统"为美军及加拿大、英国、荷兰、澳大利亚等国际合作伙伴提供受保护卫星通信服务，将服役至 21 世纪 30 年代。

由于"先进极高频系统"只能覆盖北纬 65°和南纬 65°之间的地区，美军依靠"增强极地系统"填补空白，为"先进极高频系统"所不能及的北极地区提供卫星通信服务。2004 年启动、2019 年 12 月开始运行的"增强极地系统"与"先进极高频系统"一样，能够为高优先级军事通信提供安全性高的抗干扰信号。"增强极地系统"由 2 颗大椭圆轨道（闪电轨道）卫星组成，能够为北纬 65°以上地区的潜艇、航母等提供全天 24 小时通信服务。由于"增强极地系统"只有 10 年设计寿命，为填补其与未来"演进战略卫星通信"和"受保护战术卫星通信"之间的空档，"增强极地系统—再注资"作为"增强极地系统"的后继系统将把"增强极地系统"的服役年限延长到 21 世纪 30 年代初/中，以确保为在北极地区作战的美军提供全年不间断的受保护卫星通信。

与"先进极高频系统"同时承担战术、战略卫星通信任务不同，未来"演进战略卫星通信"和"受保护战术卫星通信"两个项目将分别承担战略卫星通信和战术卫星通信任务，预计 2032 年部署。"演进战略卫星通信"卫星如同"先进极高频系统"卫星一样，具备核生存能力并为高优先级别的军事行动和国家指挥机构提供全球通信，而且韧性更强、网络安全性能更高、覆盖区域更广（包括极地区域）。

表 5-3　　　　　　　　　不同类型卫星通信特征列表

频段	优势	劣势
窄带	终端小、能耗低 经济 高机动 穿透能力强	易受核事件影响 易受阻塞、干扰、闪烁 容量低、频谱拥挤 访问受限
宽带	更多带宽和信道 全球连接 路由选择灵活 更受保护 对核爆造成的通信中断和闪烁的耐受力较高	频率分配有限 易受阻塞 地面终端又大又贵
受保护频段	带宽广 频谱不拥挤 抗阻塞 设备小 对核爆造成的通信中断和闪烁的耐受力最高	技术复杂 易受下雨和大气衰减的影响 装备昂贵 地面终端又大又复杂又贵

资料来源：U.S. Army, FM 3-14, *Army Space Operations*, October 10, 2019, p.37。

三　"定位、导航与授时"卫星[①]

"子午仪"系统作为美军乃至世界上第一个卫星导航系统由高级研究项目局于1958年开始建设，20世纪60年代中期转交美国海军。"子午仪"系统由约翰·霍普金斯大学应用物理实验室根据多普勒频移和标准时间定位原理研制，又称海军导航卫星系统。从1959年9月首星入轨到1988年6月最后一颗卫星升空，美军总共发射26颗"子午仪"卫星入轨。"子午仪"星座由6颗卫星组成，3颗卫星为工作卫星，3颗为备

---

① 在发展"全球定位系统"以外，美国还使用、开发了"塔康""欧米茄""罗兰"等地面导航系统。"塔康"直译为战术空中导航系统，是英国在第二次世界大战期间开发的一种仪表轰炸系统的衍生品，美军从1955年开始采用。"欧米茄"导航系统是美国在20世纪60—70年代研制的远程陆基无线电导航系统，是以地面为基准、在10—14千赫频段工作的无线电双曲线导航系统，已于1997年关闭。"罗兰"导航系统是一种远程双曲线无线电导航系统，导航距离可达2000千米，工作频率为100千赫兹，是一种陆海空通用的导航定位系统；2018年，美国开始部署"增强罗兰"，并将其作为"全球定位系统"的备份系统使用。

份卫星。作为世界上第一个投入运行的近地轨道卫星导航系统，"子午仪"卫星在 1100 千米海拔高度的极地轨道运行，主要为当时美国弹道导弹潜艇的主要活动区域——北冰洋地区提供定位服务，在赤道附近的用户每天仅能在卫星过顶时实现数次定位。从 1964 年开始为美国海军舰艇提供导航定位服务到 1967 年向民用领域开放，"子午仪"系统长期同时服务民用和军事用户，主要用于为核潜艇和各类海面舰艇提供高精度、非连续二维定位、海洋石油勘探、海洋调查定位、陆地用户定位以及地球测量等，1996 年停止运行。

虽然"子午仪"系统开启了卫星导航的时代，但由于不能提供持续实时导航，只能提供二维坐标（经度和纬度）且定位时间长、精度低，难以满足高速飞行的飞机、地基巡航导弹和弹道导弹的精确定位需求。1972 年，美国国防部决定把各军种相互竞争、互不兼容的卫星导航系统研发项目集中于美国空军麾下，由有"全球定位系统之父"之称的空军上校布拉德福德·W. 帕金森（Bradford W. Parkinson）负责打造一个供陆海空 3 个军部共同使用的卫星导航系统。帕金森博采众家之长，以空军"621B 项目"（宇航公司主研）、海军"泰梅申"（海军研究实验室主研）卫星导航系统为主，同时参考陆军"赛科尔"系统、"罗兰"系统等，在 1973 年 9 月确定了"导航星"即后以"全球定位系统"闻名的开发方案。

从 1978 年 2 月发射第一代首星算起，"全球定位系统"迄今已发展到第三代，全球用户超 40 亿。1978 年到 1985 年间发射的第一代"全球定位系统"卫星设计寿命 4.5 年，实际平均寿命 8.76 年，1995 年 11 月全部退役。1989 年到 2016 年间发射的第二代"全球定位系统"卫星包括第二代、第二代提高版、第二代补充版、第二代补充版的现代化版、第二代后继星，设计寿命 7.5—12 年不等。2018 年 12 月开始发射的第三代"全球定位系统"卫星总数达 32 颗，包含 10 颗第三代和 22 颗第三代后继星，预计到 2034 年"全球定位系统"星座将全部由第三代卫星组成。第三代"全球定位系统"卫星设计寿命 15 年，不仅首次增加了可与俄罗斯"格洛纳斯"、欧盟"伽利略"、中国"北斗"、日本"准天顶"等其他导航卫星系统进行交互的 L1C 民码信号，而且精度提高 3 倍、抗干扰能力提高 8 倍。在此基础上，第三代"全球定位系统"后继卫星还将增加在轨升级与信号重构能力、点波束信号功率增强能力、V频段高速星间/星地链路、搜索救援功能等。

作为第一个全球导航卫星系统，"全球定位系统"卫星均匀分布在海拔20200千米、轨道倾角55°、轨道平面夹角60°的6个圆形中地球轨道平面上，每个轨道上至少4个卫星，每天绕地飞行2圈。2011年，"全球定位系统"星座的基准线从24颗增加到27颗，功能进一步提升。"全球定位系统"作为军民两用系统使用黄金导航频段L频段，可以提供精确定位和标准定位两种服务，先后使用L1C/A、L2C、L5、L1C码4种不加密民码信号和P（Y）、M码两种加密军码信号。

为吸引航空公司、铁路、海上船舶和其他非军用户使用"全球定位系统"，最初"全球定位系统"设计采用了民码和军码两套代码，即快速采集信号并提供中等准确位置的简短的粗捕码和更长、信息更多的精码。预期民码定位精度为100米以上，但实际定位精度达到了20—30米，改进以后甚至可达6米。为此，美军特意在"全球定位系统"卫星上加装了"选择性可用"以降低民码定位精度，使其不超过45米——所谓民码即军码加上一些额外干扰信号，直至2000年5月美国克林顿总统下达指令，把"选择性可用"永久设置为零并保证将保持不变。①

由于第一、二代"全球定位系统"卫星未能做到军用频段和民用频段的彻底分离，加上军码信号的网络安全和抗干扰能力差，1997年美国国防部启动了新军码的研发。使用新军码信号的"全球定位系统"卫星包括第二代补充版的现代化版、第二代后继星、第三代和第三代后继星，第三代"全球定位系统"卫星更是首次实现了民用频段和军用频段分离，它们不仅能够为美军及盟友部队提供更可靠的导航服务，而且可以允许军方在特定地区在保持新军码信号畅通无阻的同时故意干扰或阻断民码信号。随着2021年6月第5颗第三代卫星的发射入轨，使用新军码信号的"全球定位系统"卫星达到24颗，能够实现新军码信号全球覆盖。不过，由于"全球定位系统"的地面控制段"下一代运行控制系

---

① Paul E. Ceruzzi, "Satellite Navigation and the Military-Civilian Dilemma: The Geopolitics of GPS and Its Rivals", in Alexander C. T. Geppert et al eds., *Militarizing Outer Space: Astroculture, Dystopia and the Cold War*, London: Palgrave Macmillan, 2020, pp. 343-366.

统"和用户段"军事全球定位系统用户设备"建设进度的滞后,导致使用新军码信号的卫星获得初始运行能力的时间一推再推,新军码信号的优势尚未实现。

第二节 太空对抗系统

为赢得并保持太空优势,美军还积极开发、验证、储备乃至部署太空对抗系统。总体上讲,美军太空对抗系统以太空态势感知系统为基础,包括防御性太空对抗系统和进攻性太空对抗系统。

一 太空态势感知系统

凭借世界上分布最广的太空监视网络,五角大楼拥有世界上最强大的太空态势感知能力,目前跟踪的太空物体总数达4万多个。美军太空监视网络由地基雷达、光学望远镜和卫星组成,其中地基雷达和光学望远镜是太空监视网络的主力,但受天气、地理位置以及传感器能够覆盖的横向/垂直区域和深度的限制,卫星则不受天气或大气环境所扰。

地基雷达包括位于挪威瓦尔德(Vardø)的"地球仪-2"大型X频段碟形机械雷达,用于跟踪深空物体;位于佛罗里达州埃格林(Eglin)空军基地的"陆海军/固定位置搜索-85"相控阵雷达,是太空监视网络唯一一部专用相控阵雷达;从加勒比海背风群岛(Leeward Islands)的安提瓜(Antigua)空军站重新部署到澳大利亚西部哈罗德·E.霍尔特海军通信站(NCS Harold E. Holt)的C频段太空监视雷达,是美军首台部署在南半球的太空监视雷达;部署在夸贾林环礁(Kwajalein Atoll)的固态S频段雷达,是美军新一代"太空篱笆"[1];其他还包括位于马萨诸塞

---

[1] 美军第一代"太空篱笆"是美国海军建设的"海军太空监视系统",1961—2004年由美国海军运营,2004年10月1日移交美国空军,改称美国空军太空监视系统,2013年9月1日关闭。第一代"太空篱笆"由部署在美国南部从佐治亚州绵延至加州的9个甚高频雷达站组成,包括位于得克萨斯州的基卡普湖(Lake Kickapoo)、亚拉巴马州的乔丹湖(Jordan Lake)和亚利桑那州的吉拉河(Gila River)的3个发射站,以及位于佐治亚州的斯图尔特堡(Fort Stewart)及霍金斯维尔(Hawkinsville)、密西西比州的银湖(Silver Lake)、阿肯色州的红河(Red River)、新墨西哥州的大象山(Elephant Butte)、加利福尼亚州的圣迭戈(San Diego)的6个接收站,能够探测到海拔1.2万千米的轨道上篮球大小的物体。

州韦斯托弗（Westford）磨石山的大型 L 频段碟形跟踪雷达"磨石/干草堆雷达"、位于夸贾林环礁的大型可操控碟形雷达"远程跟踪与测量雷达"；位于阿拉斯加州申雅岛（Shemya Island）艾瑞克森（Eareckson）空军基地的"丹麦眼镜蛇"相控阵雷达等。为强化对地球同步轨道乃至地月空间的监视能力，美军未来还计划在印太地区美国本土、英国各部署一个被称为"深空先进雷达能力"的地基雷达系统。

此外，阿拉斯加州克利尔太空军站的"陆海军/固定位置搜索-120"相控阵雷达、丹麦自治领格陵兰岛的图勒（Thule）太空军站的"陆海军/固定位置搜索-123"相控阵雷达、英国菲林代尔斯（Fylingdales）皇家空军基地的"陆海军/固定位置搜索-126"相控阵雷达、科德角太空军站和加州比尔（Beale）空军基地的"陆海军/固定位置搜索-115"相控阵雷达、北达科他州卡瓦列太空军站的"陆海军/固定位置搜索-16"相控阵雷达等既能探测并跟踪洲际弹道导弹和潜射弹道导弹发射，又能跟踪并表征太空物体。而南美洲与非洲之间的阿森松（Ascension）试验场雷达既为洲际弹道导弹的作战测试与评估等提供支持，也可用于跟踪并识别太空物体。

地基望远镜包含"地基光电深空监视系统"以及从新墨西哥州的白沙（White Sands）导弹试验场搬迁到澳大利亚西部哈罗德·E·霍尔特海军通信站的直径3.5米的太空监视望远镜。其中"地基光电深空监视系统"由位于印度洋迭戈·加西亚（Diego Garcia）、新墨西哥州索科罗（Soccoro）和夏威夷州毛伊岛（Maui）的3个站点组成，每个站点包括3部1米望远镜。未来美国还计划在西班牙格拉纳达（Granada）的内华达山脉（Sierra Nevada）天文台和澳大利亚的赛丁泉（Siding Spring）天文台增设两个"地基光电深空监视系统"站点。

太空监视卫星包括低轨的"天基太空监视"卫星以及高轨的"地球同步太空态势感知项目"星座。轨道海拔高度约629千米的"天基太空监视"卫星2010年9月发射升空，2012年8月宣布具备初始运行能力。"地球同步太空态势感知项目"星座由2014年、2016年、2022年发射入轨的3对6颗卫星组成，卫星漂浮在地球同步轨道带的上方和下方，除了利用先进光电传感器观察其他物体，还可开展交会与抵近操作，对其感兴趣的太空物体加强监视。

二 太空对抗系统

所谓太空对抗或太空控制系统，指针对太空系统各组成部分、用以获取太空优势的能力或技术，即通常所说的太空武器。太空对抗系统包括进攻性和防御性太空对抗系统两大类。进攻性太空对抗系统以阻止对手利用太空系统为目的，可用于欺骗、干扰、拒止、削弱或摧毁太空系统地面段、连接段和太空段三部分的任何一个部分；防御性太空对抗系统则旨在保护己方太空系统免遭攻击。具体来说，美军太空对抗系统可分为以下几类。

（一）动能武器

动能武器指利用速度产生的能量摧毁目标的武器，包括地基直升式动能反卫星武器及天基动能反卫星武器两种。历史上美国曾开发了常规与核弹头两种专门的地基直升式动能反卫星武器，如果美国目前想要拥有这种能力，技术上并不困难。

20世纪50年代末60年代初，美军开展了一系列利用空射导弹、陆基导弹和海基导弹进行的反卫星试验，掀起了地基直升式动能反卫星武器开发的第一个高潮。1959年10月19日，美国空军在"大胆猎户座"项目下，从一架B-47战略轰炸机发射了一枚"大胆猎户座"导弹拦截"探索者4号"卫星，拉开人类反卫星试验序幕，比苏联1968年的第一次反卫星试验早了9年。[①] 1962年美国空军又开始在"437项目"下测试并部署用于反卫星任务的陆基"雷神"中程核弹道导弹，"437项目"在1964年6月达到战备状态，1970年进入待机模式并在1975年最终退役。美国海军和陆军也不甘示弱，相继加入研发地基直升式动能反卫星武器的队伍。美国海军自1960年开始分别在"早春"和"船长"项目下，试图从"北极星"潜艇发射"麻雀"防空导弹攻击卫星和从水面舰艇发射改装的"侦察兵"火箭摧毁卫星，后双双撤销；1962年又在HiHo项目下在太平洋导弹测试场试验了从"幻影-4D"战斗轰炸机发射

---

① Paul B. Stares, *The Militarization of Space: U.S. Policy, 1945-1984*, pp. 106-130.

"迦勒"火箭攻击卫星。美国陆军自 1962 年开始在"505 项目"或"挡泥板项目"下测试并部署用于反卫星任务的"奈基—宙斯"陆基核反弹道导弹,"505 项目"在 1963 年 8 月达到战备状态,1967 年退役。

20 世纪 70 年代末 80 年代上半叶,美军迎来了地基直升式动能反卫星武器研发的第二个高潮。在 1976 年 2 月苏联恢复反卫星武器试验以后,1977 年 1 月美国福特总统授权开发新的常规反卫星武器系统。继任的卡特总统采取双轨政策,在与苏联展开反卫星武器控制谈判的同时,继续推进反卫星武器开发。1985 年 9 月 13 日,美军首次成功测试卫星拦截:一架代号"天鹰"的 F-15 战斗机发射一枚"阿萨特"空射常规反卫星导弹,在 555 千米海拔高度摧毁了报废的"P78-1 太阳风"卫星。

2008 年 2 月,美军又实施"燃霜"行动,从"伊利湖号"巡洋舰发射一枚"标准-3"反导导弹,在太平洋上方约 240 千米处摧毁了失灵的 USA-193 情报卫星,再次展示了其利用导弹实施地基直升式动能反卫星行动的能力,即通常所谓的"以导反星"能力。

表 5-4　　　　　　　　**美国直升式动能反卫星试验**

时间	反卫星系统	地点	目标	最高点	所致太空碎片	备注
1959 年 9 月 22 日	"高室女座"	未知	无	12 千米	0	失败
1959 年 10 月 13 日	"大胆猎户座"	未知	"探索者 4"卫星	200 千米	0	成功(距离目标 6.4 千米范围内通过)
1962 年 4 月	未知	未知	无	未知	0	海军 HiHo 项目的一部分,结果未知
1962 年 7 月	未知	未知	无	未知	0	海军 HiHo 项目的一部分

续表

时间	反卫星系统	地点	目标	最高点	所致太空碎片	备注
1962年12月17日	"奈基—宙斯"	白沙导弹试验场	无	160千米	0	成功拦截太空指定点
1963年2月15日	"奈基—宙斯"	夸贾林环礁	无	241千米	0	成功拦截太空指定点
1963年3月31日	"奈基—宙斯"	夸贾林环礁	无	—	0	拦截模拟卫星目标失败
1963年4月19日	"奈基—宙斯"	夸贾林环礁	无	—	0	拦截模拟卫星目标失败
1963年5月24日	"奈基—宙斯"	夸贾林环礁	"阿金纳-D"	未知	0	成功近距离拦截
1964年1月4日	"奈基—宙斯"	夸贾林环礁	无	146千米	0	成功拦截模拟卫星目标
1964年2月14日	437项目	约翰逊岛	"子午仪2A"箭体	1000千米	0	成功（穿越杀伤半径）
1964年3月1日	437项目	约翰逊岛	未知	674千米	0	成功（原定导弹取消，后备导弹穿越杀伤半径）
1964年4月21日	437项目	约翰逊岛	未知	778千米	0	成功（穿过杀伤半径）
1964年5月28日	437项目	约翰逊岛	未知	932千米	0	失败（错过拦截点）
1964年11月16日	437项目	约翰逊岛	未知	1148千米	0	成功的作战试验发射（穿过杀伤半径）
1965年4月	"奈基—宙斯"	夸贾林环礁	无	未知	0	—
1965年4月5日	437项目	约翰逊岛	"子午仪2A"箭体	826千米	0	成功的作战试验发射（穿过杀伤半径）

续表

时间	反卫星系统	地点	目标	最高点	所致太空碎片	备注
1965年6—7月	"奈基—宙斯"	夸贾林环礁	无	未知	0	4次拦截试验，3次成功
1966年1月13日	"奈基—宙斯"	夸贾林环礁	无	未知	0	成功拦截
1967年3月31日	437项目	约翰逊岛	未知太空碎片	484千米	0	成功的作战评估发射（穿过杀伤半径）
1968年5月15日	437项目	约翰逊岛	未知	823千米	0	成功的作战评估发射（穿过杀伤半径）
1968年11月21日	437项目	约翰逊岛	未知	1158千米	0	成功的作战评估发射（穿过杀伤半径）
1970年3月28日	437项目	约翰逊岛	未知卫星	1074千米	0	成功（穿过杀伤半径）
1984年1月21日	"阿萨特"导弹	飞机	无	1000千米	0	成功
1984年11月13日	"阿萨特"导弹	飞机	星星	1000千米	0	失败
1985年9月13日	"阿萨特"导弹	飞机	"太阳风"卫星	555千米	285	成功
1986年8月22日	"阿萨特"导弹	飞机	星星	1000千米	0	跟踪试验成功
1986年9月29日	"阿萨特"导弹	飞机	星星	1000千米	0	跟踪试验成功
2008年2月20日	"标准-3"导弹	"伊利湖"号巡洋舰	USA193卫星	2700千米	174	试验成功

资料来源：Kaila Pfrang, Brian Weeden, *US Direct-Ascent Anti-Satellite Testing*, Secure World Foundation, April 2021, pp. 2-3。

虽然美军目前并无处于值班状态且明确承认的地基直升式动能反卫

星武器，但其地基中段防御系统、"宙斯盾"系统的地基拦截导弹、"标准-3"舰载拦截导弹，均具有潜在"以导反星"能力，理论上能够把近地轨道卫星置于其攻击范围以内。由于卫星在可预测的重复轨道上运行，而弹道导弹发射提示时间极短且不会提前告知，攻击卫星比防御弹道导弹更容易。反卫星攻击不仅可提前规划，如果攻击失败，还可重复尝试。"宙斯盾"舰可部署到有利位置，一次性"扫荡"一组卫星，而不必等卫星进入固定拦截导弹射程后对其发起连续攻击。①

就天基动能反卫星武器而言，美国空军1957年启动了"卫星察看器"共轨反卫星武器研究项目，并在1959年8月获得美国国防部的首肯。根据1960年确定的方案，先发射一颗"卫星察看器"进入目标卫星所在轨道，在距其约15米处利用搭载的电视摄像机和雷达察看目标卫星，随后"卫星察看器"可携带高爆火箭等杀伤系统摧毁目标卫星。项目最终因预算问题和政治顾虑于1962年撤销。1986年9月，美国战略防御倡议组织的"德尔塔180"任务成功测试了一次在轨拦截。作为拦截目标的德尔塔火箭第二级和作为拦截器的载荷辅助系统发射到海拔220千米的圆形轨道，载荷辅助系统随后机动到距离德尔塔火箭第二级200千米处。在火箭发射后的第205分钟，德尔塔火箭第二级和载荷辅助系统同时点燃发动机迎头相撞。②

(二) 定向能武器

定向能武器指主要利用定向能致敌方设备、设施与人员瘫痪、损伤乃至毁坏的直接手段。定向能武器包括高能激光、大功率射频或微波装置。目前地基激光系统所需技术相对成熟，地基系统能够致炫或致盲对地观测卫星，甚至可以对近地轨道卫星造成热损害。天基定向能武器还面临较大技术和经费挑战，包括武器质量过大、能源供给（固态与光纤激光、粒子束）困难、瞄准与跟踪难度大等。2021年6月，美国太空军太空作战部长雷蒙德（John W. Jay Raymond）首次公开承认美国正在开

---

① Brian Weeden, Victoria Samson eds., *Global Counterspace Capabilities: An Open Source Assessment*, Secure World Foundation, April 2020, p. 10.
② Brian Weeden, *U. S. Co-orbital Anti-satellite Testing*, Secure World Foundation, May 2022, p. 2.

发定向能武器以确保美国太空优势。

（三）太空电子战系统

目前，利用射频能量干扰或阻塞卫星通信、导航信号是美军最具代表性的太空电子战形式。美国太空军已经在施里弗太空军基地运营一个地基实战电子战靶场，即太空测试和培训靶场。2021年9月，美国太空司令部发布信息征询书，计划建设一个用于规划、分配任务并执行太空电子战的统一作战地点。[1]

目前美军公开承认"通信对抗系统"和"赏金猎人"两个太空电子战系统。"通信对抗系统"作为一种可移动、可暂时阻断敌方卫星通信的地基进攻性电子战系统，以地球同步轨道通信卫星为目标，可全球部署。"通信对抗系统"使用可逆、非损毁的手段阻断那些被认为对美军及其盟军不友好的卫星通信链路，能够对敌方卫星的上行/下行链路进行射频干扰、阻断敌方的卫星通信，并具备应对紧急需求的快速反应能力。2004年，美军部署了第一代通信对抗系统，2014年升级为第二代，2020年3月第三代获得初始作战能力，目前正在开发的第四代"草地"更加模块化、扩展性能更高、频段更多，操作台面也将从14个设备机架减少到2个设备机架。"赏金猎人"始于2005年美军在中东地区应对敌人干扰美国卫星信号的"沉默的哨兵行动"，2020年8月开始初始运行。作为一个地基系统，"赏金猎人"能够监控多个无线电频段的电磁干扰，防止对手有效利用"指挥、控制、通信、计算机和情报"。

美军1997年提出的导航战是太空电子战的另一种形式。所谓导航战指通过协调利用太空、网络及电磁战行动，有意识地采取防御性和进攻性行动来确保和阻断"定位、导航与授时"信息。[2] 导航战可划分为进攻性导航战和防御性导航战两大技术门类。进攻性导航战技术主要是指采取主动性手段，干扰、破坏甚至摧毁敌方导航系统和设施，从而破坏敌方获取现代导航定位服务的能力，从根本上降低敌方作战效能。进攻

---

[1] John Keller, "Air Force Researchers Ask Industry to Develop Space Electromagnetic Warfare Operating Location", September 8, 2021, https://www.militaryaerospace.com/power/article/14209962/space-electromagnetic-warfare-operating-location.

[2] Office of the Chairman of the Joint Chiefs of Staff, *DOD Dictionary of Military and Associated Terms*, November 2021, p.151.

性导航战技术主要包括三类基本手段：一是通过定向能武器、反卫星导弹等多种反卫星武器直接摧毁导航卫星，二是采取射频干扰、网络攻击等使地面运控站、监测站和接收站等运转失灵，三是压制、干扰、欺骗导航系统用户端。"全球定位系统"卫星的信号极其微弱，由于卫星和接收机之间相距遥远，接收卫星信号难度之大堪比站在地球上眺望 2 万千米外的一盏 50 瓦家用电灯泡。① 这在客观上使得"全球定位系统"易受高楼大厦、太阳活动以及相邻电磁频率等的干扰，并面临敌方对机载、车载、弹载和手持等导航终端的主动压制、欺骗、干扰等威胁。一部 1 千瓦的便携式干扰器能够阻断 80 千米外的"全球定位系统"接收机，而欺骗"全球定位系统"的设备成本也从近万美元下降到约 350 美元。②

防御性导航战技术主要指采取被动性手段，有效抵御、化解针对己方卫星导航系统和设施的干扰与破坏，确保己方和盟友部队可以有效地利用卫星导航信息，同时不影响战区外和平利用卫星导航信息。防御性导航战具体技术手段包括：优化星座设计，提高整体韧性；通过加固技术提高导航卫星的防护能力，通过星间链路等技术提高自主运行能力；进行冗余配置，开发并利用射频系统、芯片尺寸原子钟、其他授时技术及天文导航等多种不同"定位、导航与授时"系统；提高导航终端的抗干扰能力；等等。

（四）网络攻防能力

网络攻击指出于窃听、劫持卫星以勒索赎金或使之成为反卫星武器、破坏卫星等目的，利用软件及网络技术控制、干扰、瘫痪、损害乃至摧毁太空系统，比如 1999 年，黑客为勒索赎金控制英国"天网"卫星。③ 网络攻击可针对太空系统的每一组成部分，成本低且可逆，已经被视为

---

① Robert Hoffman, "Lost on the Next Battlefield: The Need to Replace GPS", *War Room*, January 21, 2022, https://warroom.armywarcollege.edu/articles/lost/.

② Todd Humphreys et al., *Above Us Only Stars: Exposing GPS Spoofing in Russia and Syria*, C4ADS, March 2019, p. 13, note iv.

③ William Akoto, "Hackers Could Shut Down Satellites—or Turn Them into Weapons", *The Conversation*, February 12, 2020, https://theconversation.com/hackers-could-shut-down-satellites-or-turn-them-into-weapons-130932.

军事卫星最有可能遭受的攻击。虽然美军对其网络攻击能力讳莫如深，但 2021 年 4 月美国太空司令部成立联合网络中心、2022 年夏美国太空军太空作战司令部第 6 太空德尔塔部队增编 4 个网络防御中队充分彰显了其对网络攻击能力的重视。另外，美国太空军的"数字猎犬"项目致力于通过软件开发和硬件部署来嗅探网络威胁，以确保太空系统地面段的安全。

（五）灰色技术

目前美军可用于太空对抗的灰色技术以 X-37B 轨道试验飞行器和交会与抵近操作技术最为典型。X-37B 外观类似航天飞机，并能像航天飞机一样垂直发射并在跑道上水平降落。作为旨在验证可靠、可重复使用太空发射技术的无人太空测试平台的试验项目，X-37B 由太阳能提供动力，"身长"8.8 米，"身高"2.9 米，翼展约 4.6 米。自 2010 年以来美军 2 架 X-37B 轨道试验飞行器已累计执行 6 次试验飞行，不仅开展了先进霍尔推进器等多种技术试验，而且搭载科学试验并部署小卫星。由于 X-37B 位于通常"情监侦"卫星所处的轨道并具有相当的在轨机动能力，外界普遍揣测其具有潜在天基太空对抗能力。

表 5-5　　　　　　　　　　　X-37B 验证飞行

飞行器	发射时间	发射地点	着陆时间	着陆地点	在轨时间
1 号轨道测试器	2010 年 4 月 22 日	卡纳维纳尔角	2010 年 12 月 3 日	范登堡空军基地	224 天
2 号轨道测试器	2011 年 3 月 5 日	卡纳维纳尔角	2012 年 6 月 16 日	范登堡空军基地	468 天
3 号轨道测试器	2012 年 12 月 11 日	卡纳维纳尔角	2014 年 10 月 17 日	范登堡空军基地	674 天
4 号轨道测试器	2015 年 5 月 20 日	卡纳维纳尔角	2017 年 5 月 7 日	肯尼迪航天中心	718 天
5 号轨道测试器	2017 年 9 月 7 日	卡纳维纳尔角	2019 年 10 月 27 日	肯尼迪航天中心	780 天
6 号轨道测试器	2020 年 5 月 17 日	卡纳维纳尔角	2022 年 11 月 12 日	肯尼迪航天中心	908 天

资料来源：作者自制。

另外，进入21世纪以来，美军多次在近地轨道和地球同步轨道试验交会与抵近操作、在轨服务以及跟踪、瞄准及拦截技术，这些灰色太空能力和技术既可服务于太空救援、卫星延寿等科学探索、商业开发及国际合作目标，提供卫星维修、加油等在轨服务，也可用于侦察、操控乃至摧毁目标卫星，具备潜在共轨反卫星能力。

表5-6　　　　　　　21世纪以来美军交会与抵近操作试验

时间	目标卫星	跟踪卫星	备注
2003年1月13日	"德尔塔"上面级	"实验卫星系统-10"	在"德尔塔"上面级附近实施一系列交会与抵近操作
2005年4月—2006年10月	"米诺陶"上面级	"实验卫星系统-11"	多次抵近并查看其他卫星，可能实施美国空军资助的共轨反卫星测试/调查
2005年4月	"多路径超视距通信"	"自主交会技术验证"	"自主交会技术验证"卫星实施了一系列自主机动以抵近"多路径超视距通信"卫星并意外相撞
2007年3—7月	"未来星"	"自主太空运输机器人操作"	国防高级研究项目局展示两星之间包括加油在内的自动化技术
2008年12月23日—2009年1月1日	"国防支持项目-23"	"微卫星技术试验"卫星，编号USA-187、USA-188	详查并近距离对接失灵美国卫星，可能在地球同步轨道进行其他测试和验证
2009—2013年	阿联酋Yahsat-1B及其他未知卫星	"潘"间谍卫星，编号USA-207	推测停泊在其他卫星附近开展信号情报收集活动
自2014年以来至今	未知	"克利奥"间谍卫星，编号USA-257	推测停泊在其他卫星附近开展信号情报收集活动
自2014年7月以来至今	多个物体	"地球同步太空态势感知项目"卫星	6颗三对卫星在地球同步轨道带针对不同卫星实施交会与抵近操作

续表

时间	目标卫星	跟踪卫星	备注
2014年7月—2017年11月	"德尔塔"4 R/B	"局部空间自主导航与制导实验项目",编号 USA-255	"局部空间自主导航与制导实验项目"从把"地球同步太空态势感知项目"卫星部署入轨的"德尔塔"上面级分离并在地球同步轨道卫星坟场进行交会和抵近操作、卫星详查
2018年5月	"渐进一次性运载火箭二级载荷适配器增强地球同步轨道实验室试验"	Mycroft	Mycroft从"渐进一次性运载火箭二级载荷适配器增强地球同步轨道实验室试验"卫星分离,然后实施卫星抵近详查
2019年10月	试验卫星 S5	Mycroft	在 S5 终止通信以后 Mycroft 机动并与之对接

资料来源:Brian Weeden, *U. S. Military and Intelligence Rendezvous and Proximity Operations in Space*, Secure World Foundation, Updated May 2022, p. 3。

总之,美军太空对抗系统的开发历史悠久,有的可以追溯到冷战时期,比如地基直升式动能反卫星武器;有的则相对较新,比如太空电子战系统是冷战后乃至 21 世纪才出现的新对抗手段。太空对抗系统不同,其所造成的后果也不同——有的可逆,有的不可逆;有的是部分损坏,有的是彻底摧毁。

表 5-7　　　　　　　不同太空对抗系统的攻击效果

武器类别	物理摧毁	削弱、中断(不可逆)	拒止、干扰、干涉(可逆)	窃听
动能武器(如反卫星武器)	能	能	不能	不能
定向能武器(如能致盲的激光)	不能	能	能	不能
电子战(如干扰、欺骗)	不能	不能	能	不能
网络攻击(如系统受损)	可能	可能	可能	可能

资料来源:European Space Policy Institute, *Europe, Space and Defence-From "Space for Defence" to "Defence of Space"*, p. 16。

主宰终极高地：美军太空作战探索

从趋势上看，美军始终奉行绝对实力、绝对优势的原则，无论是作为赋能器和军力倍增器的军事太空系统，还是作为赢得并保持太空优势的太空对抗系统，美军都不遗余力，加紧开发、验证、储备乃至部署。美国太空军2023财年的总预算达263亿美元，更是创下美国历史上太空军事能力预算增幅最高纪录。

一方面，就军事太空系统而言，为提升太空架构韧性，美军太空系统正在从传统的以大卫星小星座为主向大卫星小星座与小卫星大星座兼顾、高低轨星座混合转变。随着美军对太空环境的判断从和平、友好变成"拥挤、充满争夺和竞争"，美军高层判定少、贵、精但无防卫能力的大卫星正在成为"又大又肥的诱人目标"[1]，批评"美国在石器发明之前建起了一座玻璃屋"[2]，打造集合近地轨道、中地球轨道、地球同步轨道及极地轨道卫星的多层、多轨道混合系统已成为未来发展方向。比如目前美国正试图打造一个多轨道弹道导弹与高超声速导弹预警卫星网络，除了已有的由地球同步轨道卫星组成的"天基红外系统"、由地球同步轨道和极轨卫星组成的"下一代过顶持续红外系统"，还致力于建设能够探测并跟踪轨道高超声速滑行器及其他先进武器的近地轨道预警卫星、跟踪高超声速导弹的中地球轨道预警卫星。

另一方面，就太空对抗系统而言，虽然2022年4月美国高调宣布将暂停破坏性反卫星试验，但美国绝不会自废武功，或者停下探索太空电子战、网络战、定向能等太空对抗能力的脚步。美国既无意放弃可以攻击敌方太空对抗系统的武器选项，也无意放弃可以攻击敌方为军事行动赋能的太空系统的武器选项。

---

[1] Sandra Erwin, "STRATCOM Chief Hyten: 'I Will not Support Buying Big Satellites that Make Juicy Targets", *Space News*, November 19, 2017, https://spacenews.com/stratcom-chief-hyten-i-will-not-support-buying-big-satellites-that-make-juicy-targets/.

[2] Jim Garamone, "U.S. Must Move Faster or Risk Losing Lead in Space", December 2, 2017, https://www.defense.gov/News/News-Stories/Article/Article/1386361/us-must-move-faster-or-risk-losing-lead-in-space/.

第六章

美军太空教育

> 兵可千日而不用,不可一日而不备。
>
> ——《南史·陈暄传》

美军太空教育不仅历史悠久,而且体系完善。为满足太空本硕博学位教育和专业继续教育的需求,美军打造了公开/密级、在校/在线/流动、初级/中级/高级课程、集训班/研讨班/工作坊/暑期班等形式多样、内容丰富的课程体系,提供广泛的课堂学习、讨论以及实践、体验机会。

第一节 美军太空教育体制的演进

早在1958年,美国最年轻的军种学院美国空军学院就成立了航天系。进入20世纪80年代,美国空军大学空军战争学院开始纳入大量太空知识的讲授,而为满足美国海军的太空培训需求,美国海军研究生院在1982年成立了太空系统学术委员会。到20世纪90年代中后期,美国空军太空教育进一步加强。1994年4月,包括基础性"本科生太空培训"课程在内的太空作战培训从美国空军太空司令部转移到美国空军教育与培训司令部,并与导弹培训合为一体。1996年,按照"本科生太空培训"课程的框架,美国空军教育与培训司令部开设为期10周的"本科生太空与导弹培训"课程，由富有经验的系统专家讲授太空环境、轨道力学、太空与导弹作战的基础知识。2000 年，"军官太空预备课程"取代"本科生太空与导弹培训"课程，继续传授太空和导弹作战的基础知识。进入 21 世纪以后，以 2001 年美国国家安全太空管理与组织评估委员会报告[①]的发布和 2019 年美国太空军的成立为契机，美军不仅建立了相对完善的太空教育体制，而且开始把太空作为一个作战领域纳入课程。

2001 年 1 月美国国家安全太空管理与组织评估委员会报告的发布是美军太空教育的分水岭。报告批评美军缺乏培养太空高级将领的专门体制，建议培养并保持一支训练有素的军职及文职太空专业人才骨干队伍。[②] 为执行报告建议，美军在随后几年掀起了制定太空专业教育战略与政策的高潮，建立了一套国防部统揽、各军种配套的太空专业培养战略与政策，形成了以学位教育为基础、任务训练为中心、交叉培训为补充的覆盖全军、分级分类分阶段的培训体系，[③] 推动美军太空教育逐渐走上了系统化、体制化道路。

以美国空军为例，作为对报告的回应，美国空军太空司令部不仅推动空军部长批准了太空专业培养项目、把太空专业培养项目写入空军政策，而且成立太空专业培养办公室和提供基础、中级和高级太空课程的国家安全太空学院，并建立了专业认证项目。到 2004 年年底，7000 多名空军被认定为太空专业人士。[④]

2019 年 12 月美国太空军的成立作为美军太空教育的又一重大里程

---

① 因拉姆斯菲尔德（Donald H. Rumsfeld, 1932—2021）担任委员会主席，又称"拉姆斯菲尔德报告"。Commission to Assess United States National Security Space Management and Organization, *Report of the Commission to Assess United States National Security Space Management and Organization*, January 11, 2001.

② Commission to Assess United States National Security Space Management and Organization, *Report of the Commission to Assess United States National Security Space Management and Organization*, January 2001 p. 27.

③ 参见袁苏义、于小红、刘震鑫《美军空间专业人才培训课程体系研究》，《装备指挥技术学院学报》2011 年第 5 期；常壮、常琨、韦韬、李晰《以文化的视角解析美军空间军事人才培养》，《装备学院学报》2013 年第 3 期。

④ Lt CoL Bryan M. Titus, "Establishing a Space Profession within the US Space Force", *Air & Space Power Journal*, Vol. 34, No. 3, 2020, p. 15.

碑给美军太空教育带来了新的发展机遇。首先，美国太空军通过修订既有课程、开设新课程，把太空作为一个作战领域纳入其军事教育。比如驻范登堡太空军基地的第533培训中队不仅把"本科生太空培训"课程从一门公开课程修订为一门绝密课程，而且聚焦威胁，培训太空作战人员从一开始就在充满争夺的环境下作战；其2019年10月新开的"下一步本科生太空培训"课程不仅加入了绝密/敏感的机密信息，而且以灌输战争背景和文化、加强基础知识的严密性、培养学员的参与和主人翁精神为三大核心目标，内容包括太空历史、法律、政策、轨道力学、电磁波与信号、太空环境、太空系统、指挥权限以及联合太空作战等；其2020年5月开课的"太空作战人员后续"课程则以轨道战、太空战斗管理和太空电子战等为核心，着重强化对学员基于威胁的培训。

其次，美国太空军积极强化与美国空军的太空教育与培训合作。为扩大美国太空军的太空专业测试与评估人才队伍，美国空军大学美国空军试飞员学院2021年1月首次开设"太空测试基础"课程。[1] 未来几年，美国空军大学空军指挥与参谋学院、空军战争学院还计划为美国太空军提供专门的集成开发环境和综合训练环境。2021年11月，美国太空军第13太空德尔塔部队第1分遣队正式入驻美国空军学院，未来想要加入美国太空军的美国空军学院学员须参加"太空军选修"和"方位角"暑期项目。"太空军选修"2021年夏天率先开班，首期"方位角"2022年6月开班。而对那些不参加美国太空军的学员，新开的"太空作战辅修"课程可为其提供卫星导航、通信、导弹预警以及"情监侦"等背景知识。

最后，美国太空军与高级中学、普通院校的合作持续拓展。从2021年秋季开始，亨茨维尔高级中学等10所学校将成为第一批太空军青年预备役军官培训团（SFJROTC）高中，未来几年太空军青年预备役军官培训团高中将增至100所。为识别、培养和吸引科学、技术、工程和数学

---

[1] Rachel Cohen, "Space Force and USAFA Adapting Naval Academy's 'Leatherneck' Program for Future Guardians", *Air Force Times*, Aug 6, 2021, https://www.airforcetimes.com/news/your-air-force/2021/08/05/space-force-and-usafa-adapting-naval-academys-leatherneck-program-for-future-guardians/.

人才，美国太空军 2021 年 8 月又启动大学伙伴关系项目。大学伙伴关系项目的主要目标有四个：一是为美国太空军军人创造世界级研究、高级学位、队伍和领导力培养机会；二是单独和集体地与成员大学确定并开展共同感兴趣的研究；三是为大学生和预备军官培训团学员提供奖学金、实习和指导机会；四是招募和培养多样化的美国太空军军官、士兵和文职人员，尤其是科学、技术、工程和数学人才。[①] 截至 2022 年 6 月，美国太空军已与 14 所普通高校[②]结成伙伴关系。另外，美国太空军通过与约翰·霍普金斯大学合作、由后者为美国太空军军官提供研究生教育，成为第一个利用私立大学而非建立新的战争学院来培养军官的美军军种。从 2023 年 7 月开始，首批 60 名美国太空军学员将分为 5 个研讨班开展为期 10 个月的专业军事教育项目学习，在 2024 年 5 月毕业时将获得由约翰·霍普金斯大学高级国际研究学院颁发的国际公共政策硕士文凭。

除美国太空军以外，美军其他军种也积极把太空作为一个作战领域纳入其教育培训课程。以美国空军为例，美国空军大学所有专业军事教育以及部分继续教育课程都包含培养联合作战思维的太空课程。针对士官学员，首先把太空作战课程纳入新入伍的士官学员继续教育第一站——空军领导力学院的核心课程，随后在高级未委任军官学院及"总军士长领导力课程"等各级士官专业军事教育中逐步拓展太空作战课程的深度和广度。针对军官学员，首先将空军预备役军官培训团和军官培训学院两个军官入学项目纳入太空主题；美国空军大学中队军官学院的所有军职和文职学员将聚焦太空领域威胁、各军种在太空的作用、太空优先事项及资源等领域，所有太空专业学员将参加学习太空作为权力和政策工具的"太空灰犀牛"集训班；所有美国空军大学空军指挥与参谋

---

① Lynn Kirby, "USSF, UND Sign MOU Establishing University Partnership Program", August 9, 2021, https://www.spaceforce.mil/News/Article/2724710/ussf-und-sign-mou-establishing-university-partnership-program/.

② 包括北达科他大学、佐治亚理工学院、霍华德大学、麻省理工学院、北卡罗莱纳农业与技术州立大学、普渡大学、科罗拉多大学博尔德分校、科罗拉多大学科罗拉多·斯普林斯分校、德克萨斯大学奥斯汀分校、得克萨斯大学埃尔帕索分校、亚利桑那州立大学、克莱姆森大学、波多黎各大学、南加州大学。

学院和空军战争学院学生均将继续参加探索太空作为一个作战领域的作战意义的太空课程。

此外,隶属美国陆军太空与导弹防御司令部的太空与导弹防御学院负责美国陆军太空作战军官的教育和培训,提供"太空作战军官资格课程""战术太空作战课程""陆军太空骨干基础课程"等;海军信息战培训司令部则设有"海军太空作战课程"。

第二节 美军太空教育的基本格局

美军太空教育课程分学位教育和专业继续教育两类,前者侧重理论知识,旨在于扩展太空知识的广度和深度,为培养未来太空领导人才打基础;后者侧重技能应用,用于满足太空专业人才各阶段任职需求。

一 学位教育

目前,美军太空学位教育有两种渠道,一是以美国空军学院、美国空军大学、海军研究生院等为主的军事院校,二是美国普通高校设立的空军预备役军官培训团项目等。

(一)军事院校学位教育

美国空军学院处于美军太空本科教育的前沿,设有"航天工程"和"系统工程"两个主修专业和一个"太空作战"辅修专业,共开设29门太空课程。美国空军大学高级空天研究学院[1]作为美国空军和太空军培养战略理论家的研究生院,设有"天权"硕士课程;美国空军大学空军理工学院作为美国空军的工程与管理研究生院以及技术专业继续教育机构,其工程与管理学院航空航天系提供航天工程、太空系统硕士及博士学位教育。

位于加州蒙特雷的美国海军研究生院作为海军太空教育的重镇与空军理工学院类似,其太空系统学术部除了开设"太空系统操作"和"太

---

[1] 前身是1988年成立的高级空权研究院,2002年改为现名。

空系统工程"两个科学硕士学位专业课程，还开设"太空核指挥、控制与通信""太空系统基础""太空控制、战术与作战""太空系统设计"4门颁发结业证书的课程、1门面向国际学员的"太空系统操作"硕士课程以及1门"太空系统工程"博士课程。美国陆军最重要的军事教育机构西点军校2015年启动太空与导弹防御项目，2016年又正式启动太空科学主修课程、太空科学辅修课程试点项目。2020年，西点军校首批太空科学本科学员毕业。

(二) 空军预备役军官培训团项目

高级预备役军官培训团即通称的预备役军官培训团项目[①]作为美军委任军官的最大来源，是美军太空学位教育的又一重要渠道，比如美国太空军首任太空作战部长雷蒙德就是1984年克里姆森大学空军预备役军官培训团项目毕业生。目前美国1100多所普通高校设有空军预备役军官培训团项目，其中不乏麻省理工学院、加州理工学院、普渡大学等名校。空军预备役军官培训团项目学制4年，学员在完成前2年的通用军事课程后，根据平均成绩、空军预备役军官培训团派驻机构指挥官的评价、才能测验分数和体能测验分数等接受选拔，入选学员在完成为期4周的暑期实训项目后进入后2年的专业军官课程学习。在专业军官课程学习阶段，学员每周3小时课堂学习、2小时领导力练习和3小时身体锻炼，并将其在通用军事课程及实训中所学到的知识学以致用。专业军官课程班级很小，强调小组讨论和学员陈述，课堂主题包括领导力、沟通技巧和国防政策等。学员一旦参加专业军官课程，就将成为预备役军人。

二 专业继续教育

美军太空专业继续教育贯穿其整个职业生涯，驻彼得森太空军基地

[①] 预备役军官培训团是根据《美国法典》第十卷第103章授权的专为中学生提供的军官培训和奖学金计划。通过预备役军官培训团项目，学生在攻读本科学位的同时还可以受训成为美军军官。美军海陆空军部各自管理自己的预备役军官培训团项目，海军陆战队包含在海军预备役军官团项目中，美国太空军包含在空军预备役军官培训团项目中，隶属国土安全部的美国海岸警卫队则没有预备役军官培训团项目。各军部为项目学生提供奖学金及其他资金支持，作为回报，学生承诺在毕业后成为美军军官。See Kristy N. Kamarck, *Defense Primer: Senior Reserve Officer Training Corps*, Congressional Research Service November 9, 2021.

第六章　美军太空教育

摩尔曼太空教育与培训中心的国家安全太空学院和第319作战培训中队是美军太空专业继续教育的核心机构，美国空军大学、第533培训中队等其他机构则充当专业继续教育的补充。

国家安全太空学院由太空战术学院和太空作战学院发展而来。基于"沙漠风暴行动"中战役规划未能全面利用美国国家太空能力的教训，美国空军1994年成立了培养太空战术和武器系统专家的太空战术学院，1996年纳入美国空军武器学院。为了讲授更广泛的太空作战概念，2001年美国空军太空司令部成立太空作战学院。2004年太空作战学院改组为国家安全太空学院，并被赋予了为美国空军太空专业人士及更广泛的国家安全太空界提供太空教育与培训的职责。最初，国家安全太空学院包含为太空专业人士提供专业继续教育的太空专业学院和提供高级系统培训、基础课程和任前培训的太空作战学院。2009年太空专业学院保留国家安全太空学院名称并转隶美国空军大学埃克专业发展中心，2016年国家安全太空学院转隶美国空军大学空军理工学院，2020年6月转隶美国太空军。太空作战学院在2009年更名为高级太空作战学院并转隶空军太空司令部，2018年更名为第319作战培训中队，2021年转隶美国太空军太空培训与战备司令部第1太空德尔塔部队。

国家安全太空学院以培养太空领袖为目的，向美国国防部及盟国军官、非委任军官及文职人员等提供在校、线上、混合及流动等形式丰富的太空专业继续教育课程，学员人数已从2018年的约800人增至2022年的2600人。除了来自美国太空军、空军、陆军、海军、海军陆战队及美国太空司令部的学员，还包括来自"五眼联盟"[①] 国家等49个国家的学员。国家安全太空学院的专业教育学院和太空战学院开设战术/作战/战略不同层级课程，涉及武器系统与条令、轨道力学、规划、情报等众多议题。

---

① 基于二战期间两国紧密的情报合作，1946年3月美国与英国签署秘密情报协定，同意共享几乎所有通过破解密码及窃听获取的情报（信号情报）。在此后十年随着澳大利亚、加拿大和新西兰的加入，形成了以"五眼联盟"为人所知的盎格鲁-撒克逊情报联盟。

表 6-1　　　　　　2022 学年国家安全太空学院专业教育学院课程

课程名称	课程描述	课程设置	课程效果
太空入门	进度自定的公开基础课程，面向没有或有很少太空作战经验的美军、美国政府机构以及盟国太空新人及终端用户，涉及太空史及未来太空系统等广泛主题	课程时长：9 个星期，修满 40 小时 开课情况：在线课程 12 个班（每班 200 人） 招生情况：公开报名 上课地点：线上	1. 知晓基本科学概念和太空作战相关术语； 2. 知晓太空作战基本原则以及这些原则如何影响太空任务设计； 3. 知晓太空能力如何支持联合作战
太空 100	基础公开课程，讲授太空系统基础知识及如何利用它们支持全球联合军事行动	课程时长：在校课程 7 天，远程课程 49 天 开课情况：在校课程 4 个班（每班 24 人），流动课程 10 个班（每班 40 人），在线课程 16 个班（每班 50 人） 招生情况：公开招生 上课地点：在校课程在彼得森太空军基地举行，在线课程在线上举行，流动课程应开班方要求而定	1. 知晓基本科学概念和太空作战相关术语； 2. 知晓太空作战基本原则以及这些原则如何影响太空任务设计； 3. 知晓太空能力如何支持联合作战以及这些能力如何纳入联合作战
太空 200	中级机密课程，培养太空专业人员批判地思考天权的应用，探讨太空系统开发和天权两个主要领域，学员在每个领域都积极参与练习，挑战他们在动态和不确定的国家安全环境下如何行动	课程时长：10 天 开课情况：在校课程 24 个班（每班 24 人） 招生情况：仅限邀请（向"五眼联盟"国家开放） 上课地点：彼得森太空军基地	1. 应用作战艺术与设计原则为联军提供作战效果； 2. 分析充满争夺的环境以提高太空系统的韧性
太空 300	绝密拱顶石课程，培养在国际地缘政治环境下理解国家、国际政策及战略考量的太空专业人才，学员将批判性、创造性地分析评估与太空相关的既有政策、战略和能力差距，并量力而行，为在战略上缩小这些差距建言献策，要求学员考虑天权对国家安全的战略贡献并参加关于太空在实现国家利益中发挥的作用的讨论	课程时长：15 天 开课情况：在校课程 12 个班（每班 22 人） 招生情况：仅限邀请（向"五眼联盟"国家开放） 上课地点：彼得森太空军基地	1. 综合与太空相关的政策与战略以服务美国及其盟国国家利益； 2. 分析战略环境以为美国太空司令部制定战略指南； 3. 分析战略指南和作战环境，以便以快速且美国及其盟国经济上承担得起的方式整合相互协调和集成的能力； 4. 培养具备解决问题的技巧，能够综合美国、盟国及对手的政策、战略及能力的太空专业人才

第六章　美军太空教育

续表

课程名称	课程描述	课程设置	课程效果
太空行政课程	面向美国国防部、其他美国政府机构及盟国高级管理人员的公开或密级基础课程，集中在太空基础知识简介（包括太空环境与轨道力学），太空法律/政策/条令概览，美军、情报界、民事及商业太空系统的能力、局限与弱点，以及太空如何与多域地面作战集成等	课程时长：2天 开课情况：在校课程6个班（每班16人），流动课程6个班（每班16人） 招生情况：在校课程公开招生，流动课程应要求开班 上课地点：在校课程在彼得森太空军基地举行，流动课程应开班方而定	1. 了解塑造目前组织、架构和任务的美国太空条约、法律、政策和条令的关键条款； 2. 了解美国太空系统面临的威胁及缓解这些威胁的手段； 3. 了解太空领域的特征、特定美国太空司令部/国家侦察办公室太空系统的基本能力、局限与弱点以及它们如何支持作战指挥部行动； 4. 地面作战中的太空集成
太空拱顶石出版物课程	进度自定的天权基础公开课程，面向太空专业人士及那些对太空对联合作战人员的贡献感兴趣的人士，特别关注美国太空军对独立天权理论的首次阐述、美国天权活力所在、太空军力如何运用、太空部队的构成及其价值所在等	课程时长：2个星期以上，修满4小时 开课情况：在线课程24个班（每班50人） 招生情况：公开招生 上课地点：线上	领会美国太空军基础条令
守护者迎新课程	公开课程，旨在向新近转隶美国太空军的其他军种军人及文职人员提供信息，目的是欢迎和加快其为太空军作贡献的速度	课程时长：在校5天 开课情况：在校远程听课（VA）课程12个班（每班50人），线上课程（待定） 招生情况：公开招生 上课地点：在校课程在彼得森太空军基地举行，远程听课及线上课程线上举行	1. 明确美国太空军任务、历史、战略/条令及文化的关键方面； 2. 明确美国太空军架构、外部关系、人员和流程的关键方面； 3. 理解美国太空军评价体系、专业管理、开发与战备的关键方面
中队领导课程	公开课程，所有首次担任中队指挥官和高级士官领导职务的军人的强制性指挥前培训课程，随军的领导配偶受邀但不强制参加，旨在拓展中队指挥官及其高级士官领导关于日常活动的知识，着重强调领导权、责任、人力项目及职能领域，课程包括正式通报、问答环节、小组讨论、视频展示、实践及公开讨论	课程时长：5天 开课情况：在校课程12个班（每班30人+配偶） 招生情况：仅限邀请 上课地点：彼得森太空军基地	1. 深刻理解中队领导日常活动的各个方面，尤其是对领导权、责任、人力项目及职能领域的了解； 2. 拥有基本技巧、参照及联络人，以帮助指挥官在第一个半年里避开指挥及其他领域常见陷阱； 3. 基本了解中队指挥官及高级士官领导的要求与责任

续表

课程名称	课程描述	课程设置	课程效果
预备役军官培训团沉浸项目	公开课程，为空军预备役军官培训团分遣队提供接收美国太空军信息的机会，学员将通过通报会、高级领导的指导了解美国太空军的任务，同时专注于领导力和专业发展	课程时长：4天 开课情况：远程学习（DL）课程2个班（每班50人） 招生情况：仅限邀请 上课地点：线上	领会美国太空军的职能和提供的机会
直升项目	公开课程，强调太空对当今及未来国防作战规划的重要性并促进与作战相关的跨域集成教育，学员将直接与美国太空军高级领导就太空领域的现实与未来展开交流	课程时长：3天 开课情况：在校课程3个班（每班22人） 招生情况：公开招生 上课地点：彼得森太空军基地	1. 领会美国太空军三大次级司令部的活动范围； 2. 阐述美国太空军的预期成长与发展
任务类型命令项目	公开课程，关于太空规划流程的入门课程，使学员熟悉其组成部分及功能，为学员接受进一步培训撰写任务类型命令做准备	课程时长：2周以上，修满3小时 开课情况：远程学习课程12个班（每班50人） 招生情况：仅限邀请 上课地点：线上	领会《太空条令出版物5—0》描述的太空规划流程及运用

资料来源：National Security Space Institute，*Course Catalog Academic Year* 2022，pp. 8-29，https://www2.peterson.af.mil/nssi/section/nav-home/courses/files/NSSI_Course_Catalog_2022_v1.9.2_compressed.pdf? v1。

表6-2 　　　　2022学年国家安全太空学院太空战学院课程

课程名称	课程描述	课程设置	课程效果
联合太空规划者课程	机密课程，面向美国及"五眼联盟"国家未来及现任太空规划军职及文职人员，结业学员将能够把作战艺术及作战设计模型运用于太空作战领域的联合规划流程，并能够根据联合规划过程中选择的行动方案拟定作战命令	课程时长：远程学习课程4个星期以上，修满11个小时；在校课程10天 开课情况：5个班（每班24人） 招生情况：公开招生，须满足以下一项先决条件："太空100""太空入门""本科生太空培训""陆军太空骨干基本课程"或其他国家同等课程（如"加拿大太空作战课程"） 上课地点：线上及彼得森太空军基地	1. 利用作战艺术和作战设计模型分析太空作战领域的战略环境； 2. 运用联合规划流程响应太空作战领域的危机情形以支持陆海空领域； 3. 运用联合规划流程以提出最可能成功的行动建议

续表

课程名称	课程描述	课程设置	课程效果
联合集成太空小组课程	机密课程，面向派驻或即将派驻地理性作战司令部的美国太空司令部联合集成太空小组的美国专业人员，目的是培养能够从作战指挥部的角度评估、规划并集成太空能力以支持太空领域联合作战的人才，学员将运用美国对手的太空领域战略与条令以确保恰当太空能力被纳入作战指挥部的作战计划和命令，并确认为赢得并保持太空优势及为全域作战提供太空支持所需的行动与能力	课程时长：10天 开课情况：在校课程4个班（每班16人） 招生情况：公开招生，前提条件是参加过"联合太空规划者课程"和"太空200"或其他军种同等课程 上课地点：彼得森太空军基地	1. 理解作战指挥部是如何工作、运行及组织起来的，以及美国太空司令部如何利用《统一指挥规划》组织起来作战并支持其他作战司令部； 2. 总结太空作战人员的责任（包括进攻性/防御性太空控制）和与关键和防御资产清单有关的保护/防御责任，并在防御盟国及商业资产时能够有效应对细微差别； 3. 解读作战指挥部下既有的各种规划； 4. 根据美国太空司令部被支持和支持的义务与责任有效集成太空能力（比如全球卫星通信与全球传感器管理）
联盟太空课程	公开课程，面向盟国太空专业人士，传授学员太空领域评估、规划、作战与防御所需的基本知识，挑战学员在积极参加旨在模拟太空环境和卫星操作的动态、不确定特性的演习的同时，批判性地思考运用太空资源	课程时长：10天 开课情况：在校/流动课程2个班（每班24人） 招生情况：在校课程公开招生，流动课程应要求开班；须满足以下一项前提条件："太空100""太空入门""本科生太空培训""陆军太空骨干基本课程"或其他国家同等课程（如"加拿大太空作战课程"） 上课地点：在校课程在彼得森太空军基地举行，流动课程应开班方要求而定	1. 领会联盟太空任务领域并明确其对地面陆海空作战行动的影响； 2. 运用缓解战略并准备利用联盟能力维持友好利用太空领域的方案； 3. 研究太空战略环境并采取联盟行动以期在充满争夺的太空领域成功作战
太空情报基础课程	直接支持太空作战的情报人员机密课程，使其熟悉当前支持联合功能与太空作战的太空能力和系统、这些能力和系统面临的威胁以及如何将其纳入联合作战以支持作战人员	课程时长：5天 开课情况：在校课程12个班（每班24人） 招生情况：公开招生，须满足以下1项前提条件："太空100""太空入门""本科生太空培训""陆军太空骨干基本课程""天权科目—军事情报100"等；对尚未完成以上一门课程的学员，提供为期6周的在线课程 上课地点：彼得森太空军基地	1. 知晓太空作战的基本科学原则如何影响"情监侦"行动以及太空法、条约、政策与战略如何塑造太空情报活动； 2. 知晓太空情报收集能力如何支持地面作战以及地面"情监侦"能力如何支持太空作战； 3. 领会敌对太空对抗能力将如何阻碍联盟与太空相关的"情监侦"行动并解释减缓其效力的技术； 4. 领会太空威胁应对、联合情报对太空作战的支持以及为规划、集成并实施太空作战情报支持所需的情报流程

续表

课程名称	课程描述	课程设置	课程效果
太空熟悉课程	进度自定的公开在线课程，向美国及盟国非太空专业人士提供太空作战领域及太空任务的基本概念，包括太空作战基本概念、术语、历史、文化及其他关键议题，并把重点放在历史、太空对美国作战、经济及国家主权的重要性和影响上	课程时长：4个星期以上，修满8小时 开课情况：远程学习课程12个班（每班50人） 招生情况：公开招生 上课地点：线上	1. 知晓美国太空司令部和太空军的任务、历史、文化、组织及指挥与控制； 2. 知晓太空作战的基本科学概念和术语； 3. 知晓太空能力如何支持军事作战人员及其在现代盟军作战中的重要性
轨道作战基础课程	公开课程，通过对轨道作战原则与物理学中的中级知识的学习培养美国及盟国太空专业人士	课程时长：在校/流动课程5天；远程学习课程6个星期以上，修满40小时 开课情况：在校/流动/远程课程各6个班（每班24人） 招生情况：在校/远程课程公开招生，流动课程应要求开班；须满足以下一项前提条件：修过"太空100""太空入门"或其他一门军种、国家或北约级别同等课程 上课地点：在校课程在彼得森太空军基地举行，远程学习在线上举行，流动课程应要求开班方而定	1. 理解轨道作战的基本原则； 2. 将基本轨道作战原则应用于特定环境
轨道战概念课程	机密课程，通过全方位的轨道战学习培养美国及"五眼联盟"国家的太空专业人士；除了一般性的轨道作战学习，还在政策、法律和条令的考量下分析和平衡来自所有作战领域的支持和威胁	课程时长：7天 开课情况：在校课程4个班（每班24人） 招生情况：公开招生；须满足以下一项前提条件：修过"太空100""太空入门"或其他一门军种、国家或北约级别同等课程；须在注册前完成"轨道作战基础课程"，并须完成"太空瞄准基础应用课程" 上课地点：彼得森太空军基地	1. 应用对地球轨道系统中的基本轨道战行动的理解； 2. 辨别如何把欺骗、干扰、拒止、削弱及摧毁应用于轨道战行动； 3. 分析进攻性与防御性太空控制在轨道战中的作用； 4. 分析法律考量对轨道战行动的影响； 5. 理解网络战对轨道战的影响； 6. 描述天域感知对轨道战行动的重要性； 7. 分析支持轨道战的情报行动以及与太空作战协作和集成的重要性； 8. 理解地面与太空天气如何影响太空作战； 9. 理解太空系统面临的威胁； 10. 把基本物理学、作战考量及"战术、技术与程序"运用于想象的轨道战场景

续表

课程名称	课程描述	课程设置	课程效果
太空瞄准的基本应用	公开课程，培养理解联合条令及将其应用于瞄准的太空专业人士	课程时长：在校/流动课程5天；远程学习课程6个星期以上，修满40小时 开课情况：在校/流动/远课程各6个班（每班24人） 招生情况：在校/远程课程公开招生，流动课程应要求开班；须满足以下一项前提条件：修过"太空100""太空入门"或其他一门军种、国家或北约级别同等课程 上课地点：在校课程在彼得森太空军基地举行，远程学习在线上举行，流动课程应开班方要求而定	1. 理解包含瞄准、开火及太空作战的联合条令； 2. 领会太空领域影响联合瞄准及开火的独特之处
联合太空瞄准课程	机密课程，培养理解太空瞄准与联合火力交战的独特之处的太空专业人士	课程时长：在校7天 开课情况：在校课程4个班（每班24人） 招生情况：公开招生，须满足以下一项前提条件：修过"太空100""太空入门"或其他一门军种、国家或北约级别同等课程 上课地点：彼得森太空军基地	1. 理解美国太空司令部瞄准流程以及如何与其他作战司令部集成； 2. 针对太空能力应用瞄准流程并制定建立进攻性和防御性太空控制选项； 3. 在美国太空司令部瞄准流程中划分作用与责任

资料来源：National Security Space Institute, "Course Catalog Academic Year 2022", pp. 32-49, https://www2.peterson.af.mil/nssi/section/nav-home/courses/files/NSSI_Course_Catalog_2022_v1.9.2_compressed.pdf? v1。

第319作战培训中队以太空领域系统效力创新和最大化为目的，通过关于太空系统、能力、需求、采办、政策和战略的深度授课，提供支持战术、作战与战略性联合及联盟太空作战的响应性培训，其每年培训的美军、美国其他政府部门及盟国学员超过2800人。

表 6-3　　　　　　　　第 319 作战培训中队课程

课程名称	课程描述	课程设置	课程目的
太空部队指挥官课程	机密课程，面向太空部队指挥官及其高级参谋人员，并向澳大利亚、加拿大和英国伙伴开放	课程时长：5 天 开课情况：每年 2 期	1. 领会太空部队指挥官的作战责任以及太空部队指挥官如何集成太空部队并向作战指挥官提供有机统一的太空规划、应用、指挥与控制能力； 2. 领会太空部队指挥官与组织、培训及装备太空军机构与人员有关的军种责任
轨道力学在线课程	旨在使学员熟悉/再次熟悉人造卫星在重力、大气阻力和推力等力的影响下的运动，涵盖轨道运动、轨道要素、轨道摄动、轨道类型、机动、发射和轨道预测等	课程时长：8 小时 开课情况：每年 12 期 前提条件：须以目前仍然有效的政府或国防部邮箱地址注册	知晓与太空作战和轨道力学有关的基本科学概念和术语
太空旗帜预备课程	机密课程，旨在为太空作战人员、太空支持人员、联合伙伴参加"太空旗帜"演习做准备，提供在太空紧急环境演习中使用的"规划、简报、执行和汇报"通用基础知识	课程时长：4 天半 开课情况：每年 3 期	1. 理解规划、简报、执行和汇报流程； 2. 领会如何完成任务规划以实现空军太空指挥部的任务目标； 3. 把情报纳入规划、简报、执行和汇报； 4. 将太空领导人的意图合成为一个针对假想敌的可操作的计划
天权科目—军事情报 100	机密课程，面向美国太空军军职及文职人员，为将从事涉及太空作战的情报人员参加机构级别的资格课程做准备	课程时长：2 个星期 开课情况：每年在校课程 9 期，在参加在校课程之前可选修一门公开的远程学习补充课程	1. 领会规划、集成并实施对太空作战的情报支持的组织及流程； 2. 领会决定太空作战环境的科学原则； 3. 领会特定美国及盟国太空系统的能力、局限与弱点； 4. 领会对手太空系统的能力及其对美国与盟国太空作战的威胁； 5. 领会太空系统、对手威胁、作战考量、分析来源与工具以便为太空作战提供情报支持

续表

课程名称	课程描述	课程设置	课程目的
天权科目—轨道战100	机密课程，为轨道战职能领域具有1—3年经验的人士提供的入门级在校课程，已完成"本科生太空培训"课程且入选轨道战天权科目的军官和士官学员可参加	课程时长：15天 开课情况：每年15期	1. 领会轨道战基础知识； 2. 分析为达成想要的战术最终状态所必需的轨道力学、定轨、机动、交会与抵近操作原则； 3. 通过从惯性和相对角度进行可视化来分析轨道运动； 4. 分析天对天交战的观念与技术以达成想要的战术最终状态
天权科目—轨道战200-交会与抵近操作	机密课程，面向有经验的轨道战作战人员及支持人员，以"天权科目—轨道战100"讲授的原则和基本知识为基础，旨在提供对轨道力学、战术应用概念、编队操作、天对天交战（SSE）、任务规划和天对天交战简报指南的深入理解	课程时长：15天 开课情况：每年6期	1. 分析天对天交战的基础天体动力学； 2. 领会航天器及支持系统关键作战组件的能力、局限与弱点和相关核心战术的使用； 3. 通过一对一和编队操作，运用初步掌握的太空领域的物理、航天器性能的极限和战术使用的基础知识； 4. 通过战术条令应用天对天交战的规划与实施； 5. 运用天对天交战任务规划与任务简报的轨道交战机动支持机制
天权科目—太空战斗管理	机密课程，面向天域感知职能领域具有1—3年经验的人士的入门级在校课程，已完成"本科生太空培训"课程且入选太空战斗管理天权科目的军官和士官学员可参加	课程时长：15天 开班情况：每年9期	1. 领会支持太空战斗管理的组织、任务和流程； 2. 领会电磁频谱和卫星控制网络如何为联合作战能力赋能； 3. 领会用以支持太空战斗管理的美国及盟友太空系统的能力、局限与弱点； 4. 领会天域感知、太空电子战和轨道战概念如何与太空战斗管理集成同步； 5. 领会太空系统、流程、威胁、战术、应用及作战考量以规划有效集成太空系统来支持太空战斗管理行动

续表

课程名称	课程描述	课程设置	课程目的
天权科目—太空战斗管理200-"过顶持续红外"	机密课程，面向有经验的"过顶持续红外"操作者以及将担任培训、评估或战术开发职位的人士	课程时长：2个星期 开课情况：每年4期	1. 理解所有"过顶持续红外"传感器的操作、指挥和任务关系； 2. 领会收集和分析"过顶持续红外"数据的不同方法； 3. 领会依赖"过顶持续红外"执行任务的不同团体的数据要求； 4. 促进开发在常规作战过程中和充满争夺的太空环境下向作战人员提供"过顶持续红外"能力的"战术、技术与程序"
天权科目—太空电子战100	机密课程，面向太空电子战天权科目具有1—3年经验的人士，已完成"本科生太空培训"课程且入选太空电子战天权科目的军官和士官学员可参加	课程时长：15天 开课情况：每年9期	1. 领会太空电子战的组织、任务及流程如何影响联合作战； 2. 领会如何提供、管理和保护卫星通信服务； 3. 领会如何在"充满争夺、环境恶化和行动受限"的环境下完成"定位、导航与授时"； 4. 领会太空电子战如何为作战指挥官提供同步效果； 5. 领会太空电子战如何为其他太空能力赋能
天权科目—太空电子战—在线课程	进度自定，面向美国全军及所有政府部门，提供太空电子战基础知识	课程时长：16小时 开课情况：每年12期 前提条件：须以目前仍然有效的政府或国防部邮箱地址注册	1. 知晓电磁频谱基础知识、无线电通信的原则及在充满争夺的环境中作战面临的挑战； 2. 知晓为太空电子战任务领域作贡献的太空能力的基本作战原则
太空作战人员预备课程	机密课程，须在课程开始日期之前完成必修在线课程，为太空专业人士在演习及实际作战中有效提升战区空战中心战力做准备，提供学术授课和设备操作培训，使学员做好集成空天力量支持战区指挥官的准备	课程时长：3个星期 开课情况：每年4期	1. 知晓针对美国太空系统的敌对威胁的能力、局限与弱点； 2. 领会用于支持联合战区行动的美国及外国太空系统的能力、局限与弱点； 3. 领会为规划、集成并使用太空能力以支持作战指挥官目标所需的组织和流程； 4. 运用太空系统、威胁、战术及作战知识来规划有效利用太空以支持联合战区行动

续表

课程名称	课程描述	课程设置	课程目的
武器学院预备课程	机密课程，须在课程开始日期之前完成必修在线课程，为入选参加美国空军武器学院太空优势武器教员课程和太空作战人员高级教员课程的人士做准备，从作战领域内和地面作战角度提供关于国防部、情报界及商业太空系统、联合武器系统及作战的通用知识基础	课程时长：3 个星期 开课情况：每年 2 期	1. 领会用以实施联合作战的条令、组织、武器系统和流程； 2. 领会用于太空作战的太空环境和电磁频谱的能力、局限与弱点； 3. 分析特定太空任务领域的能力、局限与弱点

资料来源：第 319 作战培训中队网站。

三　太空专业继续教育和学位教育兼顾的课程

2018 年 7 月，美国空军大学空军指挥与参谋学院开设 "施里弗太空学者项目"。作为美军第一个学制 1 年、培养太空战略家的中级发展教育集训项目，"施里弗太空学者项目" 把空军指挥与参谋学院战争理论、国际问题研究、联合作战课程等经典作战课程与聚焦太空历史、战略、作战与政策的深度课程相结合，提供涵盖军事、民事及商业太空所有层次的战略性太空教育。在课程设置上，除了领导权、战争理论、空权、国际安全、联合作战等课堂教学，学员还参加一年一度的 "施里弗模拟战" 和国家太空研讨会，并赴首都华盛顿展开调研。"施里弗太空学者项目" 的毕业生可获得军事作战艺术与科学硕士学位，并获得联合专业军事教育一级证书及全日制中级发展教育学分。所有学员均须通过相应的安全审查，学员除了美国太空军、陆军、海军等各军种军官以及盟国军官，还包括具有太空背景的采办、工程、科学或情报官员。"施里弗太空学者" 项目学员规模逐年大幅扩大，从首期 1 个研讨班（13 人）增至 2020 年 2 个讨论班（26 人），2021 年进一步扩大到 4 个班。

2020 年，仿照空军指挥与参谋学院 "施里弗太空学者" 项目，美国空军大学空军战争学院又开设了旨在培养具有太空意识的未来高级领袖的 "韦斯特太空研讨班"。作为空军战争学院第一个专门通过天权视角来探讨战略的基础、国家战略决策、全球安全与作战等战略问题的研讨班,"韦斯特太空研讨班"为期10个月,面向资深军职及文职人员,旨在培养具有批判和战略思维的国家安全太空领袖人才。首批学员不仅能够在课堂上与来自国家太空防御中心、美国太空军的高级军官交流,而且须赴范登堡、巴克利和彼得森太空军基地实地考察。

四 美军太空教育的特点

总体上看,美军太空教育呈现以下特点。第一,强调终身学习、因人施教。美军不仅持续提供初级、中级、高级专业继续教育机会,而且根据任职需求因"轨"施教,为普通士兵/军官/高级领导提供量身定制的太空教育。比如美国空军学院"太空作战辅修"课程分太空作战人员、太空作战情报、太空作战数字、太空作战采办4轨,除了大同小异的学术核心课程学时要求,在必修和选修课程设置上各有侧重。[1]

第二,强调文理兼修,培养跨学科、既懂技术又懂战略和政策的复合型太空人才。比如美国空军学院"太空操作"主修专业包含140个学时,除了93个物理、化学、数学、国家安全的太空与网络战略等学术核心课程学时、5个体育核心课程学时,还须修满42个主修课程学时,包括航天动力学、太空系统工程、卫星通信、太空任务设计、太空任务载荷设计、小型航天器工程、遥感与图像分析、天权史、太空法、美国国家太空政策、太空态势感知以及可自主选择的太空操作深入课程。列入太空操作深入课程的有热动力学、火箭推进、载人航天、高级航天动力学、高级微积分、应用线性代数、太空化学、线性系统分析与设计、线性控制系统分析与设计、变形体力学、技术写作与通信、高级遥感等。

第三,强调理论与实践相结合,反对纸上谈兵。比如美国空军学院"航天工程"专业课堂学习、实地调研和动手操作并重,学员除了学习卫星、火箭及其他太空系统基础及设计,还有机会参加高级项目以及大量独立或政府及产业伙伴资助的研究活动。在美国空军学院"猎鹰卫星"高级拱顶石工程项目下,每年"航天工程"专业本科学生在航天系及其他院系老师、非委任军官、技师及承包商的帮助下,动手设计、建

---

[1] The United State Air Force Academy, 2020-2021 *Curriculum Handbook*, pp. 221-228, https://www.usafa.edu/app/uploads/CHB.pdf.

造、测试和发射卫星，迄今已发射9颗小卫星入轨。

第四，美国太空军正在向建设独立的太空军事教育体系迈进。虽然目前美国太空军既没有成立专门的军种大学，也不独立开展学位教育，仅承担太空专业继续教育和太空战培训的责任，但美国太空军太空培训与战备司令部正在按轨道战、太空电磁频谱战、太空战斗管理、太空进入与维持、军事情报、网络作战、工程/采办7个科目，着力打造独立的太空教育体系。另外，2022年5月，美国太空军首个独立的、以太空为中心的新兵基础军事培训班在得克萨斯州的圣·安东尼奥（San Antonio）联合基地开班，结束了美国太空军依靠美国空军提供基础军事培训的历史。[1] 未来不排除美国太空军成立太空军学院、建立包括太空学位教育和专业继续教育在内的独立教育体系的可能。

---

[1] Kristin Fisher, "Force Boot Camp with Recruits to US Military's Newest Branch", CNN, June 17, 2022, https://www.cnn.com/2022/06/17/politics/space-force-boot-camp/index.html.

第七章

美军太空作战演习

> 凡事预则立，不预则废。
>
> ——《礼记·中庸》

自 2001 年美国空军太空司令部启动"施里弗模拟战"以来，美军的专门太空作战演习门类持续增加、演习内容持续拓展。继"施里弗模拟战"以后，"全球哨兵"和"太空旗帜"也已经常态化。毫不夸张地说，太空作战演习已经成为美军太空作战探索的重要途径。

第一节　美军太空作战演习举要

在众多美军太空作战演习中，"施里弗模拟战""全球哨兵"和"太空旗帜"最具代表性。2022 年 6 月，"太空旗帜"成为第一个获得美国参联会颁发的"联合国家培训能力"认证的太空作战演习，取得了与美国空军的"红旗"、美国陆军的"联合作战人员评估"、美国海军的"舰队综合培训"同等的地位。

一　"施里弗模拟战"

"施里弗模拟战"作为战略层面的演习重在摸索太空军力建设，旨在解决美军面临的太空军事战略、军事应用、装备需求等问题。为了形成联合太空作战能力，演习不仅包括数十个美军及情报界太空机构，而且逐步向英国、加拿大、澳大利亚、新西兰、日本等盟国开放。为了增进联盟领导层对如何利用太空和网络作战进行威慑和战略信息传递的理解，"施里弗模拟战"还模拟以旗鼓相当的潜在对手为假想敌的太空与网络空间战略对抗，并持续探究在冲突延伸到太空与网络空间时的军、民、商关系。

表 7-1   "施里弗模拟战"演习

序号	演习时间及地点	参演规模及构成	演习场景	演习内容
1	2001年1月22—26日，科罗拉多州施里弗空军基地	约250人，1国（美国）	2017年，美军（蓝方）介入主要太空战略对手（红方）与较弱的第三方的冲突，争夺太空控制权	研究制定太空作战战法和作战原则，探讨新型太空系统的军事应用，评估敌对力量阻挠美军及其盟友利用太空资源的可能性，以期进一步发展和完善美军太空作战理论
2	2003年2月20—27日，科罗拉多州施里弗空军基地	约300人，4国（美国、加拿大、英国、澳大利亚）	2017年，如何利用太空系统为联合作战提供支持	探索太空如何改变联合作战、快速响应性太空发射或太空运载能力对国家作战能力的影响、太空态势感知能力的价值、与保持太空优势相关的有利因素和面临的挑战、太空军力运用选项，获取可能影响采办决策的经验
3	2005年2月4—11日，内华达州内利斯（Nellis）空军基地	约300人，4国（美国、澳大利亚、加拿大、英国）	2020年，在反恐战争中如何使用太空装备支援陆海空联合作战	探索缩短定位敌方目标与实施攻击的时间差的途径，检验空军、国家情报与商业卫星在冲突中更好协作的能力，演练暂时、可逆的太空毁伤能力，探索临近空间的情报搜集与侦察
4	2007年3月25—30日，内利斯空军基地	约440人，4国（美国、澳大利亚、加拿大、英国）	2025年全球作战环境下对组织结构进行检查、推进太空政策和作战原则的制定	研究保护、增补和替代太空系统的手段，检验21世纪联合作战人员可用的太空能力、战术和技术；检验联合太空作战中心在支持战略司令部及各战区指挥官时所需的指挥关系；探索2025年的陆空天能力集成战略

续表

序号	演习时间及地点	参演规模及构成	演习场景	演习内容
5	2009年3月14—20日，内利斯空军基地	约400人，4国（美国、澳大利亚、加拿大、英国）	2019年地区冲突中应对美军及其盟军太空与网络电磁空间能力遭受攻击和拒止	检验国家政策的执行措施，强化在太空对抗态势下的决策能力，探索美军与盟军及商业部门相互协同以确保太空能力的方法，研究各部门机构间的协调关系以便在联合作战条件下提高太空作战能力，探索太空能力需求和军队组建备选方案以提供多个战区和本土防御所需的太空支持，检验对抗敌方可能行动的军队部署、作战概念和作战计划等方案的有效性
6	2010年5月7—27日，内利斯空军基地	约350人，4国（美国、澳大利亚、加拿大、英国）	2022年，美军在西太平洋应对势均力敌的对手对美国盟友太空及网络电磁空间系统的破坏	研究美军太空与网络电磁空间的备选概念、能力和军力态势，评估太空与网络电磁空间对未来威慑战略的贡献，探索太空与网络电磁空间一体化的规划流程
7	2012年4月19—26日，内利斯空军基地	约270人，10国（美国、澳大利亚、加拿大、英国、丹麦、德国、法国、荷兰、意大利、土耳其）	2023年，在非洲之角利用太空支持美国及其北约盟国的护航与反海盗联合行动	探索优化参演国家太空努力以支持一次假想的北约远征作战的选项；识别通过扩大国际合作协调以及与私营部门的合作协调来提高对抗环境下的太空能力的韧性的方法；检验网络与太空防御的作战集成；扩大对联盟太空作战中的更广泛的国际参与的作战好处的理解等
8	2014年1月21—23日、5月6—8日、9月15—19日，施里弗空军基地	约175人，4国（美国、澳大利亚、加拿大、英国）	2026年与美国实力相当的某太平洋国家使用"反—介入/区域—拒止"手段应对美国军事干预和"空海一体战"	探索并评估未来体系结构在"充满争夺、环境恶化和行动受限"的环境中的韧性，明确未来体系结构内太空作战的程序、作战概念以及制定"战术、技术与程序"的机会，检验未来"反—介入/区域—拒止"力量如何影响美国空军太空作战的需求与服务

第七章　美军太空作战演习

续表

序号	演习时间及地点	参演规模及构成	演习场景	演习内容
9	2015年12月11—17日，施里弗空军基地	约200人，5国（美国、澳大利亚、加拿大、英国和新西兰）	2025年，一个势均力敌的太空与网络空间竞争者试图通过利用太空和网络空间实现战略目标（放眼全球，聚焦欧洲司令部责任区）	确认提高情报界、民事、商业和盟友伙伴太空系统的韧性的方法，探索如何向作战人员提供优化效果以支持联军行动，检验如何利用未来能力在多域冲突中保护太空体系架构
10	2016年5月19—26日，马克斯韦尔（Maxwell）空军基地	约200人，7国（美国、澳大利亚、加拿大、新西兰、英国、法国、德国）	与2015年的"施里弗模拟战"类似，但增加了美国及其盟国无法接收到可靠的"全球定位系统"信息的场景	与2015年的"施里弗模拟战"类似，美国及其盟国得出了在和平时期而非作战环境下解决分歧更好的结论
11	2017年10月13—21日，内利斯空军基地	约200人，5国（美国、澳大利亚、加拿大、英国、新西兰）	2027年，一个势均力敌的太空与网络空间竞争者试图通过利用太空和网络空间实现战略目标（放眼全球，聚焦太平洋司令部责任区）	检验利用和保护空天网能力支持全球及地区行动的不同联合指挥与控制框架，通过"太空作战架构"概念的集成深刻理解太空韧性、威慑及作战，探索太空与网络空间在多域冲突中的作战贡献，摸索全政府模式下的共同与联合行动伙伴关系
12	2018年10月11—19日，马克斯韦尔空军基地	约350人，8国（美国、澳大利亚、加拿大、英国、新西兰、法国、德国、日本）	2028年，一个势均力敌的太空与网络空间竞争者试图通过利用太空和网络空间实现战略目标（放眼全球，聚焦印太司令部责任区）	检验国际伙伴威慑敌方把冲突延伸或升级到太空的能力，通过国际伙伴在太空与网络空间同步开展行动深刻理解韧性、威慑和作战，探索利用和保护空天网能力支持全球及地区行动的不同联合指挥与控制框架，确认太空与网络空间在多域冲突中的战略和作战层面的贡献，摸索利用军、民、商、盟友的伙伴关系遂行一体化太空与网络空间作战

续表

序号	演习时间及地点	参演规模及构成	演习场景	演习内容
13	2019年9月4—13日，麦克斯韦尔空军基地	约350人，5国（美国、澳大利亚、加拿大、新西兰和英国）	2029年，一个等量级竞争对手试图通过利用多域战来实现战略目标（放眼全球，聚焦美国欧洲司令部责任区）	了解推进美国太空司令部的联合作战任务的人员、程序和技术，探索国家、商业和联盟架构同步护卫太空资产体系的机遇和挑战，检验统一指挥以达成太空作战与跨类别、跨机构权限的无缝衔接，深化对负责任太空行为及其对国家与联盟决策的影响的共同理解，探索控制全面升级的全政府与联盟选项
14	2020年9月—11月	200多人，8国（美国、澳大利亚、加拿大、新西兰、英国、法国、德国、日本）	聚焦太空领域的战略信息传递，利用名为"战场信息开发与收集系统"的情报共享系统线上进行	分两个部分，9月份的"深入探讨"聚焦于作战支持，参演者就通过协调与整合战略信息相互传输以获得并保持作战和战略优势提出建议；11月的"拱顶石联盟委员会"进一步讨论并提炼了"深入讨论"的结论，以制定推进联盟并增强联盟在太空领域的能力的路线图，参演者包括美国太空军太空作战部长、美国空军部长、美国太空司令部、美国战略司令部、美国网络司令部司令以及来自美国及其盟友的高级军政长官

资料来源：作者综合整理。

二 "全球哨兵"

"全球哨兵"的前身是 2014 年启动的"太空态势感知桌面演习"，2017 年更名为"全球哨兵"。作为战术层面的演习，"全球哨兵"主要通过太空态势感知桌面推演来加强美军及其盟友之间的联合太空态势感知能力，为此各参演国均设立了指挥、控制本国太空态势感知装备的太空作战中心。"全球哨兵"不仅充当未来太空态势感知的概念、政策和能力构想的试验和确认平台，而且提供战术级作战演练，已成为美军及其盟友在太空领域开展战术级指挥与控制集成的重要途径。

表 7-2 "全球哨兵"演习

序号	演习时间及地点	演习规模及构成	演习内容
1	2014年4月22—26日，洛马公司创新中心，弗吉尼亚州萨福克（Suffolk）	6国：美国、澳大利亚、加拿大、英国、法国、德国	确定增进伙伴国太空作战中心之间合作和兼容的水平是否能够提高单独和集体太空态势感知作战支持能力
2	2015年10月26—30日，洛马公司创新中心，萨福克	7国：美国、澳大利亚、加拿大、英国、法国、德国、日本	确定在伙伴国太空作战中心之间共享分析资源和数据产品能否提高单独和集体太空态势感知作战支持能力，提炼国家级联盟与太空态势感知相关的"战术、技术与程序"
3	2016年9月21—30日，洛马公司创新中心，萨福克	7国：美国、澳大利亚、加拿大、英国、法国、德国、日本	试验利用一个完全一体化的太空作战中心联盟（FedSpOC）展示联合一体化指挥与控制能力的价值
4	2017年9月20—29日，洛马公司创新中心，萨福克	8国：美国、澳大利亚、加拿大、英国、法国、德国、日本、意大利	利用太空作战中心联盟来为2017年在加州范登堡空军基地成立的联合太空作战中心提供借鉴，增进相互安全并通过与盟友协作改善太空态势感知
5	2018年9月18—28日，洛马公司创新中心，萨福克	10国：美国、澳大利亚、加拿大、德国、法国、意大利、日本、韩国、西班牙、英国	评估近期内可实现的太空作战能力改进，确定选定的改进是否改善了作战行动的太空态势感知及作战行动的统一。演习测试了两项改进，一是改进了作战/分析讨论的网络数据交流和讨论会，二是强化了突出传感器观察感兴趣事件的机会的流程和报告
6	2019年9月23—27日，洛马公司创新中心，萨福克	16国：美国、澳大利亚、加拿大、德国、法国、意大利、日本、韩国、西班牙、英国10个参与国，巴西、荷兰、挪威、波兰、罗马尼亚、泰国6个观察员国	制定并执行程序，在太空监视与太空安全开展合作，拓展相互理解，增进太空合作

续表

序号	演习时间及地点	演习规模及构成	演习内容
7	2022年1月	17国：美国、澳大利亚、加拿大、德国、法国、意大利、日本、韩国、西班牙、英国、巴西、荷兰、挪威、波兰、罗马尼亚、泰国、芬兰	不详
8	2022年7月，范登堡太空军基地	25国：美国、澳大利亚、比利时、巴西、加拿大、德国、以色列、西班牙、芬兰、法国、英国、希腊、意大利、日本、韩国、荷兰、挪威、新西兰、秘鲁、波兰、葡萄牙、罗马尼亚、瑞典、泰国、乌克兰	聚焦太空飞行安全场景，演习地球同步轨道交会与抵近操作并支持负责任的太空行为原则，测试对太空中可能的不负责任行为的反应等

资料来源：作者综合整理。

三 "太空旗帜"

与"施里弗模拟战"采取兵棋推演、重在场景设定与预判不同，2017年启动的"太空旗帜"以美国空军的"红旗"为模板，以制定并测试条令、作战概念、"战术、技术与程序"为目标，更重视战术演练，比如太空作战的任务规划、作战管理、指挥与控制演练等。"太空旗帜"参演人员通常分为蓝队、红队与白队，其中蓝队模拟作战人员在设定太空威胁下赢得并保持优势；红队模拟敌方并对蓝队行动做出反应；白队负责演习规划、指导、技术支持、演习控制等并提供关键的演习任务规划意见。最初"太空旗帜"每年2次，从2019财年开始增加为每年3次。作为战术层面的太空作战演习，"太空旗帜"通过创建基于实物的建模仿真环境，锻炼参演人员作战技能和解决作战实际问题的能力，聚焦用现有太空军力来威慑、阻止和干扰在太空领域的敌对行动。为备战各种形式的冲突，"太空旗帜"参演人员被赋予一系列动态场景，作战环境和太空威胁设定也越来越复杂，目的是强化多域集成并探索新型太空防御战术。作为美国太空军唯一一个专门演练在"充满争夺、环境恶化和行动受限"的环境中赢得并保持太空优势的太空作战演习，"太空旗帜"代表了美军从视太空为一个友好环境向视太空为一个充满争夺的作战领域的观念上的根本转变。从趋势上看，"太空旗帜"的演习规模不断扩大，并向多军兵种和盟国加入的方向发展。

表 7-3　　　　　　　　　　"太空旗帜"演习

序号	演习时间及地点	演习规模及构成	演习内容
1	2017 年 4 月，施里弗空军基地	46 人，美国空军第 50 太空联队的第 1、2、3、4 太空作战中队（蓝队），第 527、26 太空进攻者中队（红队），第 22 太空作战中队、国家太空防御中心、联合太空作战中心和太空分布式作战中心（白队）	培养作战技术以及为维护并运行系统所必需的"战术、技术与程序"，为全球指挥官提供太空能力
2	2017 年 8 月，波音幻影工厂虚拟战中心，科罗拉多·斯普林斯	美国空军第 50、460 太空联队组成"蓝队"，第 527、26 太空进攻者中队组成"红队"，国家太空防御中心、联合太空作战中心、美国空军第 137 太空预警中队、美国陆军第 53 信号营组成"白队"	情报与太空作战的融合，接受关于任务规划、发射批准标准、进攻部队能力等两天的学习
3	2018 年 8 月	不详	不详
4	2018 年 12 月	不详	不详
5	2019 年 1 月，科罗拉多·斯普林斯	美国空军第 50、460 太空联队，第 27、26 太空进攻者中队	战术作战人员学习如何协作、共同作战和保护太空系统
6	2019 年 4 月，波音虚拟战中心，华盛顿特区	美国空军第 21、50、460 和 310 太空联队，科罗拉多与佛罗里达空军国民警卫队、国家侦察办公室、国家太空防御中心、联盟太空作战中心人员	模拟赢得并保持太空优势的作战行动，包括太空物体识别、应对直升式动能反卫星武器、在轨威胁、地面干扰威胁以及定向能武器等太空威胁

续表

序号	演习时间及地点	演习规模及构成	演习内容
7	2019年8月12—16日，宇航公司设施，科罗拉多·斯普林斯	160人，来自美国、澳大利亚、加拿大和英国等国	第一次国际演习，迈出了国际伙伴中低级军官及士兵训练的常态化的关键一步
8	2019年12月9—20日，波音虚拟战中心，圣路易斯（St. Louis）	96人，蓝队64人、白队19人、红队13人，来自美国空军第21、50、460太空联队和第310（预备役）太空联队，美国空军作战司令部、美国陆军、美国海军及国家侦察办公室	一场在美国空军太空司令部的主持下开始、在美国太空军成立当天结束的演习，演练在冲突场景下作战
9	2020年8月，波音虚拟战中心，科罗拉多·斯普林斯	蓝队24人，来自美国太空军第2、3、4、8、9太空德尔塔部队及国家侦察办公室；红队来自第527/26中队；白队10人，来自美国太空军太空培训与战备司令部	美国太空军2020年7月成立的太空培训与战备临时德尔塔部队组织的第一次"太空旗帜"演习，模拟在轨机动以对抗太空威胁、赢得并保持太空优势
10	2020年12月17—18日，科罗拉多·斯普林斯	由美国太空军太空培训与战备临时德尔塔部队阿尔法作战中心组织；36人，来自美国太空军第2、3、4、7、8、9太空德尔塔部队及国家情报办公室	模拟战术性轨道交战，旨在测试其获得并保持针对假想敌的太空优势的能力
11	2021年4月26—5月6日，圣路易斯、科罗拉多·斯普林斯	由美国太空军太空培训与战备临时德尔塔部队阿尔法作战中心组织，86名演习人员，来自美国太空军太空作战司令部和国家侦察办公室等	首次在两地举行，演练护卫美国在太空的机动自由，特别之处在于在演习开始之前演练任务规划会议及演练整个战术任务规划流程
12	2021年8月11—20日，华盛顿特区和科罗拉多	由美国太空军太空培训与战备临时德尔塔部队阿尔法作战中心组织；61名参演人员来自美国太空军太空作战司令部所辖太空德尔塔部队及美国陆军第一太空旅	演习首次构建了涵盖各种太空任务的全面训练环境，演习目的是护卫美国及其盟友的太空利益并支持美国太空军太空作战部长培养联合作战人员的优先事项；演习场景包括57个训练目标，使参演人员有机会执行多种"战术、技术与程序"和战术改进建议；模拟轨道机动以对抗太空威胁，赢得并保持太空优势

续表

序号	演习时间及地点	演习规模及构成	演习内容
13	2021年12月6—17日，施里弗太空军基地	由美国太空军太空培训与战备司令部第1太空德尔塔部队第392作战培训中队组织，美国太空军9支太空德尔塔部队及英国、加拿大、澳大利亚代表参演	首场利用建模/模拟能力模拟作战环境的"太空旗帜"演习，演练威慑敌方进攻、拒止其行动、培养联合作战人员并应用作战概念，如在紧急情况下做出明智战术决策，测试卫星韧性，模拟美国导弹跟踪卫星被摧毁、卫星干扰以及其他电子战后果等太空战战术等
14	2022年4月4—15日，施里弗太空军基地	美国太空军太空培训与战备司令部第1太空德尔塔部队第392作战培训中队组织，美国太空军9支太空德尔塔部队、美国陆军第1太空旅以及其他美国国防部及政府机构人员参演	模拟一个作战司令部在一场发生在美国印太司令部和（首次）美国欧洲司令部责任区的地区冲突期间执行太空作战，包括各机构协作、规划和制定作战方案，在保护美国国家利益免遭侵害的同时，保障达成战区太空效果的任务需求；实现了多个首次，包括首次利用内部建模/模拟工具为参演人员提供逼真环境、在收集卫星位置数据时首次使用卫星协方差来模拟真实世界的未知数等
15	2022年8月8—19日，施里弗太空军基地	美国太空军太空培训与战备司令部第1太空德尔塔部队第392作战培训中队组织，美国太空军、美国空军、美国陆军及美国海军陆战队共130多人参演	蓝队模拟为一场联合军事行动提供"全球定位系统"导航、卫星通信等卫星服务，红队则演练利用太空对抗战术干扰这些卫星服务
16	2022年12月5—16日，施里弗太空军基地	自启动以来最大规模的"太空旗帜"演习，来自美国太空军、美国空军、国家侦察办公室及澳大利亚、加拿大、英国的165人参演	聚焦美国欧洲司令部作战场景，演练轨道战、电子战、网络战技巧以及情报指挥等

资料来源：作者综合整理。

第二节　美军太空作战演习的特点与趋势

作为美军太空作战探索的重要途径，美军太空作战演习不仅有利于促进体制创新、演练"战术、技术与程序"，而且有利于增强太空对抗环境下的作战实力。总体上看，美军太空作战演习呈现以下特点和趋势。

第一，美军太空作战演习前瞻性、针对性突出，重点模拟、演练与等量级对手的作战。比如2010年的第六次"施里弗模拟战"把演习场景设定为2022年在西太平洋应对势均力敌的对手对美国盟友太空及网络电磁空间系统的破坏，2014年的第八次、2017年的第十一次、2018年的第十二次"施里弗模拟战"均把演习场景设定为美国印太司令部责任区一个等量级太空与网络空间竞争者试图挑战美国领导地位，2019年的第十三次"施里弗模拟战"把演习场景设定为2029年美国欧洲司令部责任区一个等量级对手试图利用多域战实现战略目标。

第二，美军太空作战演习越来越强调全方位集成。美军通过太空作战演习积极探索美军与太空商业部门、其他政府部门、国际盟伴的太空作战集成，积极探索海陆空天网全域集成作战。以与国际盟伴的集成为例，"施里弗模拟战""全球哨兵"及"太空旗帜"都实现了程度不同的国际化。从2003年第二次"施里弗模拟战"起，加拿大、澳大利亚和英国就连续参演；到2012年第七次"施里弗模拟战"时，丹麦、德国、法国、荷兰、意大利和土耳其6国的加入使参演国家达到10个；此后历次"施里弗模拟战"都有国际盟伴参加。"全球哨兵"从一开始就是国际化演习，2014年第一次"全球哨兵"有6国参演，到2022年时参演国家多达25个。2019年的第七次"太空旗帜"是其自2017年启动以来的第一次国际演习。在因新冠疫情中断3年以后，2022年12月的第十六次"太空旗帜"恢复国际化。

第三，美军太空作战演习高度数字化。由于1967年的《外层空间条约》禁止对太空宣示主权，美国太空军无法划出一片太空区域用于演习。除了太空培训与战备司令部在电子战领域进行了一些实战演习，目前几乎所有美军太空作战演习都在虚拟空间进行，严重依赖地面数字化技术和工具。比如 2021 年 12 月举行的第十三次"太空旗帜"演习首次利用建模和模拟能力模拟作战环境，2022 年 4 月举行的第十四次"太空旗帜"首次利用内部建模和模拟工具为参演人员提供逼真环境，在收集卫星位置数据时首次使用协方差来模拟真实世界的未知数。

第四，美军太空作战演习的门类越来越丰富、体系化程度越来越高。一方面，根据演习定位的不同，美军开展战略/战术级、专门/综合、国际/国内等多种门类的太空作战演习。以专门太空作战演习为例，除了"施里弗模拟战""太空旗帜""全球哨兵"三大传统演习，重建后的美国太空司令部又启动了"太空雷霆""太空闪电"等演习。2022 年 9 月，美国太空军举行"黑天"演习，实战演练对其租用的 1 颗商业卫星进行电子干扰。继专门演练太空电子战的"黑天"演习之后，美国太空军还计划在 2023 年、2024 年先后启动演练轨道战、太空网络战的"红天"和"蓝天"演习。除专门太空作战演习以外，美军还举办众多涉及太空要素的其他军事演习，包括国家侦察办公室从 2003 年就开始举办的战略级"雷神之锤"双年联合太空及网络模拟战演习、美国空军的"红旗"以及美国战略司令部的"全球闪电 2021"等。

另一方面，美军太空作战演习并非杂乱无章，而是趋于体系化。比如"施里弗模拟战""全球哨兵"和"太空旗帜"为满足不同层级的太空作战需求，演练定位和内容各有侧重。作为战略层面的演习，"施里弗模拟战"主要审视美军未来太空能力需求，是丰富和完善美军太空威慑战略，促进太空作战条令、太空军力的运用和开发策略、太空作战概念创新的试验场和孵化器。[①] 比如 2014 年启动的联盟太空行动倡议[②]源于 2010 年"施里弗模拟战"演练的联盟太空作战中心概念；2015 年启动的商业集成机构来自 2014 年"施里弗模拟战"的演练经验。"全球哨兵"作为战术层面的演习，主要通过太空态势感知桌面推演来提高美国与盟国之间的联合太空态势感知能力，充当未来太空态势感知概念、政策和能力构想的试验和确认平台。"太空旗帜"作为又一战术层面的演习，则更注重演练太空攻防实战技能。

---

① 李向阳等编著：《美军"施里弗"空间战演习解读》，国防工业出版社 2016 年版，第 1—20 页。
② 美国、英国、澳大利亚、加拿大为创始成员，新西兰、德国、法国先后加入。

第八章

美军太空作战实战

> 胜利对那些预见到战争性质变化的人、而非那些等着变化发生以后再适应的人微笑。
>
> —— 朱利奥·杜黑

迄今为止，所谓美军太空作战实战，并非指发生在太空中的冲突，而是指太空系统赋能的地面常规作战。美军太空作战实战始于20世纪60年代下半叶的越南战争。在这场战争中，美国国家宇航局的"雨云"气象卫星、五角大楼的"初始国防通信卫星项目"卫星、国家侦察办公室的"稻草人"间谍卫星[1]等初露锋芒。20世纪70年代以后，美军各军种启动"国家能力的战术利用"项目、积极探索利用间谍卫星支持战术行动加速了太空系统为美军地面常规冲突赋能的进程。进入20世纪80年代，太空系统介入美军地面常规冲突的频率越来越高。通信卫星在1983年美军入侵格林纳达的"紧急狂暴行动"、1986年美军空袭利比亚的"黄金峡谷行动"中发挥了重要作用；"全球定位系统"对1988年美军在波斯湾扫雷护航的"挚诚意志行动"至为关键；"国防卫星通信系统"和"国防气象支持项目"卫星对1989年美军入侵巴拿马的"正义事业行动"也功不可没。但总体上，太空系统对美军常规作战的介入仍保持零星和低强度水平。进入20世纪90年代，以第一次海湾战争为起点，

---

[1] Dwayne A. Day, "And the Sky Full of Stars: American Signals Intelligence Satellites and the Vietnam War", *The Space Review*, February 12, 2018, https://thespacereview.com/article/3430/1.

太空系统开始全方位、持续介入美军地面常规军事冲突，不仅提供"情监侦"、卫星通信、指挥与控制、"定位、导航与授时"、气象服务等广泛作战支持，而且深度介入从战前规划、战时实施到战后评估的冲突全过程，太空作战逐渐常态化。

第一节　美军太空作战实战案例

从20世纪90年代初的第一次海湾战争到20世纪末的科索沃战争，再到21世纪初美军在阿富汗、伊拉克的军事行动，太空系统在地面常规冲突中发挥着越来越重要的作用。而通过实战锤炼，美军太空作战能力越来越强、作战经验也愈加丰富。

一　第一次海湾战争

1991年的第一次海湾战争是一场太空系统首次全方位介入的地面常规军事冲突。"沙漠风暴行动"期间担任美国空军太空司令部司令的摩尔曼称其为军事太空应用的分水岭事件，[1] 著名科幻作家阿瑟·克拉克（Arthur C. Clarke，1917—2008年）则称之为"世界上第一场卫星战争"。

表8-1　　　　　　　　第一次海湾战争盟军所用卫星列表

类别	功能	军事卫星系统
卫星通信	通信	"空军卫星通信系统"（军事） "舰队卫星通信系统"（军事） "租赁卫星"（军事） "国防卫星通信系统"（军事） "多址通信卫星"（军事） "天网-4A"（英国，军事） "锡拉库斯"（法国，军事） "北约-3"（北约，军事） 国际通信卫星组织卫星（商业） 国际海事组织卫星（商业） 欧洲卫星通信公司卫星（商业） 阿拉伯卫星公司卫星（商业）

---

[1] Lt Gen Thomas S. Moorman, Jr., "Space: A New Strategic Frontier", *Airpower Journal*, Vol. 6, No. 1, 1992, p. 18.

续表

类别	功能	军事卫星系统
卫星通信	通信	泛美卫星公司卫星（商业） "林肯实验卫星-9"（麻省理工学院林肯实验室，民事） "跟踪与数据中继卫星"（美国国家宇航局，民事）
"情监侦"	"情监侦"	"锁眼-11"（军事） "长曲棍球"（军事） "大酒瓶"（情报） "漩涡"（情报） "折叠椅"（情报） "小屋"（情报） "白云"（情报） "陆地卫星"（美国国家宇航局，民事） "地球观测探索卫星"（法国，民事） "资源"（苏联，民事）
"情监侦"	气象	"国防气象支持项目"（军事） "国家海洋与大气管理局-10/11"（国家海洋与大气管理局，民事） "地球同步运行环境卫星"（国家海洋与大气管理局，民事） "电视红外观测卫星"（国家海洋与大气管理局，民事） "气象卫星-4"（欧洲气象卫星组织，民事） "流星"（苏联，民事） "地球同步轨道气象卫星"（日本，民事）
"情监侦"	早期预警	"国防支持项目"（军事） "后继早期预警系统"（军事）
"定位、导航与授时"	"定位、导航与授时"	"全球定位系统"（军事） "子午仪"（军事）

资料来源：作者综合整理。

此次行动中为盟军提供作战支持的卫星达100多颗。首先，"国防卫星通信系统"作为最重要的战场内部长途、多信道通信系统，承担了战争期间一半以上的通信，不仅用于战区各空军基地日常命令的下达，而且相连空军及地面部队与美国本土基地，使位于美国佛罗里达州的美国中央司令部与战区之间75%的信息增量得以实现。其次，"全球定位系统"一战成名，不仅支持了地面部队的大规模机动或单兵行动，而且促进了空地部队的相互支持和配合，比如给美国海军陆战队的大炮提供精确定位数据、帮助美国海军清除水雷并为巡航导弹攻击巴格达目标提供精确定位、使美国空军B-52轰炸机具备全天候飞行能力等。在开战的最初数小时内，美军特种部队配备"全球定位系统"的低空"铺路者"

直升机引领 8 架美国陆军"阿帕奇"攻击直升机在 20 秒钟之内就摧毁了 2 座相距约 64 千米的伊拉克早期预警雷达站,给伊拉克防空网撕开了一大缺口。最后,3 颗"国防气象支持项目"卫星获取的图像和数据帮助盟军应对恶劣的沙漠天气,特别是为制定实时日程、执行及时精准侦察、确定战术任务目标及评估轰炸效果提供了帮助,对预测并跟踪雨水与沙尘暴,跟踪石油大火、石油泄漏、云况,分析化学毒剂扩散的可能性、洪灾威胁等也发挥了重要作用。此外,"国防支持项目"卫星对盟军防范伊拉克"飞毛腿"导弹袭击发挥了重要战术作用。①

第一次海湾战争也暴露出美军太空能力的不足。第一,"国防卫星通信系统"无法全面满足战场通信需要。对快速移动的地面部队来说,其约 2.4 米的卫星天线带宽有限,导致整个系统容量不足,改用约 6 米的卫星天线又降低了机动性能并更易被敌军发现,结果图像产品因为太大无法通过现有卫星通信网络传输,只能空运到战场。第二,"全球定位系统"作用仍然有限。由于尚没有"全球定位系统"制导的精确弹药,精确轰炸仍主要依赖激光制导。另外,信号微弱的"全球定位系统"极易被干扰,如伊拉克军队在萨达姆·侯赛因宫殿等地标建筑屋顶安装了干扰器以防止其被轰炸。② 第三,"国防气象支持项目"星座的终端设备庞大笨重,需要 C-130 飞机运送,其宽域、多光谱成像也不足。第四,导弹预警卫星能力仍不尽如人意。虽然"国防支持项目"对向部队及平民发出"飞毛腿"导弹袭击预警有用,但其实效性、准确性不足让"爱国者"导弹难以发现目标。第五,太空发射能力不足。虽然在为期 5 个月的"沙漠盾牌行动"(1990 年 8 月—1991 年 1 月)期间,美军密集执行了 6 次重要军事载荷发射,但这些发射活动此前已确定,只是按期而非按需发射。

为补齐短板,美军在第一次海湾战争结束以后多管齐下,积极改进太空能力。如为弥补卫星通信能力之不足,采取了升级"国防卫星通信

---

① David N. Spires, *Beyond Horizons: A History of the Air Force in Space, 1947-2007*, pp. 255-259.
② Larry Greenemeier, "GPS and the World's First 'Space War'", *Scientific American*, February 8, 2016, https://www.scientificamerican.com/article/gps-and-the-world-s-first-space-war/.

系统"、开发更适合移动的接收机终端、引入海军"特高频后继星"系统、推进"军事星"系统建设等多种措施。为满足提高弹道导弹战术预警、跟踪及评估能力的迫切需要，美军又积极推进新一代导弹预警卫星星座"天基红外系统"的建设。虽然这些能力在科索沃战争中仍显稚嫩，但在"持久自由行动"和"伊拉克自由行动"中臻于成熟。[1] 体现在投资上，1993 财年美国五角大楼太空投资超过了其总投资的 15%，太空投资预算比美国陆军总投资还多 20%，而在 1986 财年太空投资还不及美国陆军投资的一半。[2]

另外，为促进太空作战支持常态化，美军还进行了体制创新。首先，美国空军 1993 年 7 月成立第十四航空队作为美国太空司令部的空军部门司令部，并赋予其集成战区太空作战支持、开展太空系统培训及演习的责任。其次，为完善太空条令、制定太空作战战术并形成概念和能力，美国空军太空司令部 1993 年 12 月又在科罗拉多州猎鹰空军基地（即后来的施里弗空军基地）成立太空战中心，并赋予其所属国家测试设施为全球军事演习提供太空场景的责任。最后，美国太空司令部及美军各军种相继成立太空支持小组，负责提供太空系统运用的专业知识、建议及联络。

二 科索沃战争

1999 年 3 月 24 日，以扭转并结束塞尔维亚武装部队对南联盟[3]科索沃占多数的阿尔巴尼亚人的人权侵犯为由，北约发起了针对南联盟及其米洛舍维奇（Slobodan Milošević，1941—2006 年）政府的"盟军行动"空袭，其中美国参与的部分称"神圣铁砧行动"。空袭持续 78 天，直至 6 月 9 日米洛舍维奇最终同意北约要求，开始从科索沃撤出塞尔维亚部队。近 90 颗卫星参与了此次行动。

在太空系统的作战运用上，科索沃战争把在 1995 年北约"慎重武力

---

[1] Ellen Pawlikowski, Doug Loverro, Tom Cristler, "Space: Disruptive Challenges, New Opportunities, and New Strategies", *Strategic Studies Quarterly*, Vol. 6, No. 2, 2012, p. 33.

[2] Cited from Everett C. Dolman, *Astropolitik: Classical Geopolitics in the Space Age*, p. 150.

[3] 即南斯拉夫联盟共和国，结果是科索沃取得了事实上的独立，南联盟后来也解体，分裂为塞尔维亚共和国和黑山共和国。

行动"中首次实战运用的卫星与无人机结合、"全球定位系统"制导的精确制导炸弹发扬光大。① 就前者而言,在科索沃战争中,"掠食者"无人机的视频数据在一分钟之内与卫星获取的三维地面数据结合,并通过卫星和无线电传输到正在执行空袭任务的战斗机机舱。此外,飞越科索沃和塞尔维亚的 U-2 侦察机也通过卫星把数据实时传输给美国的图像分析师。空天"情监侦"的一体化使得机组人员既可以在飞行途中执行临时攻击任务,也可以避免或躲避新发现的防空威胁。就后者而言,此次行动中"全球定位系统"为 656 枚"联合直接攻击炸弹"(即所谓"杰达姆")、78 枚常规空射巡航导弹和"战斧"对地攻击导弹提供了末端制导。② 精确制导武器发挥的作用如此之大,指挥此次空袭行动的美国空军中将迈克尔·肖特（Michael Short,1944—2017 年）后来把"盟军行动"称为一场"精确制导战"。③

表 8-2 科索沃战争盟军所用卫星列表

类别	功能	卫星系统
卫星通信	通信	"国防卫星通信系统"（军事） "舰队卫星通信系统"（军事） "特高频后继星"（军事） "军事星"（军事） "租赁卫星"（军事） "全球广播系统"（军事） "天网-4A"（英国,军事） "北约-4"（北约,军事） "锡拉库斯"（法国,军事） "跟踪与数据中继卫星"（民事）

---

① 作为北约在巴尔干的空袭,"慎重武力行动"实现了天权应用的两大突破,一是依赖卫星通信的 MQ-1"掠食者"无人机的首次实战运用,二是"全球定位系统"制导的精确打击武器——AGM-84E 防区外对地攻击导弹的首次实战运用。

② George W. Bradley III, "A Brief History of the Air Force in Space", *High Frontier*, Vol. 1, No. 2, 2004, p. 7.

③ Cited from William D. Sanders, "Space Force Culture: A Dialogue of Competing Traditions", *Air & Space Operations Review*, Vol. 1, No. 2, Summer 2022, p. 36.

续表

类别	功能	卫星系统
"情监侦"	"情监侦"	"锁眼-11"（情报） "长曲棍球"（情报） "先进漩涡"（情报） "大酒瓶"（情报） "猎户座"（情报） "水星"（情报） "太阳神-1A"（法国，军事） "地球观测探索卫星"（法国，民事） "欧洲遥感卫星-1/2号"（欧洲航天局，民事） "印度遥感卫星"（印度，民事）
	气象	"国防气象支持项目"（军事） "国家海洋与大气管理局-10/12/14/15号"（民事） "地球同步轨道气象卫星"（欧洲气象卫星组织，民事） "地球同步轨道工作气象卫星"（俄罗斯，民事） "地球同步轨道气象卫星"（日本，民事）
	早期预警	"国防支持项目"（军事） "后继早期预警系统"（军事）
"定位、导航与授时"	"定位、导航与授时"	"全球定位系统"（军事）

资料来源：作者综合整理。

不过，科索沃行动中的太空能力虽然比"沙漠风暴行动"提升不少，美军对太空系统的表现仍不满意：由于不能保证持续战场卫星气象支持，一些既定空袭任务被迫取消；由于缺乏足够的合适的卫星图像，战场表征也受影响；一些主要用于执行中东和太平洋地区任务的卫星被临时征用来支援巴尔干战场，导致对其他战场感兴趣的重要区域的观测受影响；在恰当时间把恰当信息传递给恰当的人的挑战仍未解决；太空与军事行动其他部分的真正集成也尚未实现。[①]

三 "持久自由行动"

以阿富汗境内本·拉登的基地组织及为其提供保护的塔利班政权为

[①] Benjamin S. Lambeth, *NATO's Air War for Kosovo: A Strategic and Operational Assessment*, Santa Monica, CA: RAND, 2001, pp. 164-166.

目标,以美国为首的联军在 2001 年 10 月到 2002 年 3 月实施了"持久自由行动",并得到了近 100 颗卫星的直接或间接支持。①

表 8-3   "持久自由行动"盟军所用卫星列表

类别	功能	卫星系统
卫星通信	通信	"国防卫星通信系统"(军事) "军事星"(军事) "特高频后继星"(军事)
"情监侦"	"情监侦"	"锁眼-11"(情报) "快鸟"(数字地球公司,商业) "轨道成像-4 号"(轨道成像公司,商业) "伊科诺斯"(太空成像公司,商业) "地球观测探索卫星"(法国,民事)
	气象	"国防气象支持项目"(军事) "快速散射仪"卫星(美国国家宇航局,民事) 搭载在"大地"卫星上的"中分辨率成像光谱仪"(美国国家宇航局,民事) 搭载在"海星"卫星上的"宽视场海洋观测传感器"(美国国家宇航局,民事) "极地轨道环境观测卫星"(国家海洋与大气管理局,民事)
	早期预警	"国防支持项目"(军事)
"定位、导航与授时"	"定位、导航与授时"	"全球定位系统"(军事)

资料来源:作者综合整理。

"持久自由行动"对"全球定位系统"制导炸弹的依赖度有所提高。"全球定位系统"制导炸弹的使用提高了 45%,而激光制导炸弹的使用下降了近 32%。② 不过,美军卫星通信能力仍然不足。由于"掠食者"和首次投入实战的"全球鹰"无人机作用的提高,此次行动中带宽需求旺盛。出于对卫星把无人机视频图像滚动传输给 AC-130 等攻击机以及控制中心的重视,6 架"掠食者"和 2 架"全球鹰"无人机成为主要带

---

① Benjamin S. Lambeth, *Air Force against Terror*: *America's Conduct of Operation Enduring Freedom*, Santa Monica, CA: RAND Corporation, 2005, p. 274.
② David N. Spires, *Beyond Horizons*: *A History of the Air Force in Space*, 1947 – 2007, pp. 307-314.

宽用户。由于1架"全球鹰"占用的带宽相当于"沙漠风暴行动"中全体美军所用的带宽，无人机极高的带宽消耗迫使美军同一时间出动的无人机不超过1架"全球鹰"和2架"掠食者"。另外，在"持久自由行动"中，为防止商业太空公司把战区卫星图像卖往别处，即便美国间谍卫星能够拍摄分辨率更高的卫星图像，美军还是首次动用"百叶窗控制"权限①买断了太空成像公司的"伊科诺斯"卫星获取的阿富汗卫星图像。

在"持久自由行动"中，美国空军第十四航空队担当起太空支持关键提供者的角色，其设在沙特阿拉伯苏丹王子空军基地的太空空天作战中心下达的每日太空任务指令与联盟空中作战中心下达的每日空中任务指令紧密配合，使得太空空天作战中心不仅能够通过指令合适卫星系统来支持特定作战需求，而且能够通过分配太空资产来满足战区和全球需求，从而达成优化联盟太空能力的目的。太空任务指令的灵活性不仅使太空空天作战中心的规划人员能够在24小时任务周期内响应更紧迫的目标瞄准请求，而且大大提高了太空空天作战中心的能力，响应100多个来自联盟空中作战中心、美国中央司令部、美国空军太空司令部、美国太空司令部及空军参谋部的卫星使用和各种太空支持请求。另外，为确保太空支援与作战行动的最佳集成，美国空军还派遣理查德·韦伯（Richard E. Webber）准将到联盟空中作战中心担任负责太空与信息的助理主任，辅助一个参与了全面规划并执行日常作战任务的6人小组。②

四　"伊拉克自由行动"

"伊拉克自由行动"以打败伊拉克军队、控制作战区域、推翻萨达姆政权等为目标，从2003年3月20日开始到同年5月1日宣告结束，主要作战行动历时仅42天，150多颗卫星参与了这场标志着第二次海湾战争（2003—2011年）打响的行动。

---

① 为回应商业卫星成像带来的安全关切，1994年克林顿政府发布第23号总统决策指令，明确规定对遥感应用许可进行逐案评估。根据此后美国为执行这一指令而制定的实施细则，美国商务部可要求获得许可的商业卫星成像公司在特定情况下限制收集和/或分发数据，这一权限即"百叶窗控制"。

② David N. Spires, *Beyond Horizons: A History of the Air Force in Space*, 1947-2007, pp. 308-309.

表8-4　　　　　"伊拉克自由行动"盟军所用卫星列表

类别	功能	卫星系统
卫星通信	通信	"国防卫星通信系统"（军事） "军事星"（军事） "特高频后继星"（军事） "天网"（英国，军事） "铱星"（商业） "跟踪与数据中继卫星"（民事）
"情监侦"	"情监侦"	"锁眼-11"（情报） "长曲棍球"（情报） "猎户座"（情报） "大酒瓶"（情报） "号角"（情报） "白云"（情报） "8X增强型光学成像系统"（情报） "地球观测-1"（美国国家宇航局，民事） "伊科诺斯"（商业）
	气象	"国防气象支持项目"（军事） "极地轨道环境观测卫星"（民事） 搭载在"大地"卫星上的"中分辨率成像光谱仪"（民事） 搭载在"海星"卫星上的"宽视场海洋观测传感器"（民事） "气象卫星"（欧洲气象卫星组织，民事） "地球同步轨道气象卫星"（日本，民事）
	早期预警	"国防支持项目"（军事）
"定位、导航与授时"	"定位、导航与授时"	"全球定位系统"（军事）

资料来源：作者综合整理。

在第一次海湾战争结束以后，美军加大了太空投资力度，"全球定位系统""军事星""国防卫星通信系统"星座均补充了重要的新卫星。在"伊拉克自由行动"打响的前几天，负责太空作战与集成的美国空军少将布莱斯代尔（Franklin J. Blaisdell）宣称美国在太空享有的主导地位让他对那些跑来与美国作对的国家表示同情。[①] 2003年3月18日，距离"伊拉克自由行动"发起攻击仅数小时，盟军司令弗兰克斯（Tommy Ray Franks）首次赋予盟军空军部门指挥官太空协调权。

[①] Robert S. Dudney, "Space Power in the Gulf", Air Force Magazine, June 1, 2003, https://www.airforcemag.com/article/0603edit/.

"伊拉克自由行动"再次凸显了美军的太空优势。第一,"全球定位系统"不仅为5500枚空投的"联合直接攻击炸弹"提供制导,而且帮助提高了地面近距离空中支援的反应速度和精度;[1] 美军在伊拉克战场部署的"全球定位系统增强战场支持"技术更是使整个战争期间"全球定位系统"的军码信号导航精度误差不到2米。第二,战争期间"国防卫星通信系统"卫星改变了运行轨道,在战区上空保持5颗卫星的通信容量,卫星通信占战区中所有通信流量的80%,卫星通信带宽更是比战前提高了600%。第三,美国国家海洋与大气管理局的2颗"极地轨道环境观测卫星"每天4次向前线部队提供气象预报和云图,不仅包括沙尘暴,而且包括伊拉克用作武器的油田大火和烟雾。

第二节 美军太空作战实战的特点与趋势

纵观冷战后美军历次太空系统赋能的地面常规冲突,美军太空实战能力得到了极大的锻炼和提高,并呈现出一些重要特点和趋势。

一 美军太空系统越来越完善、能力越来越强大

(一) 太空发射能力越来越强

从20世纪80年代后期开始,为给战区作战人员提供及时太空作战支持,美国空军太空领导层就一直致力于开发响应性太空发射能力,但第一次海湾战争期间美军无法"按需"发射"国防卫星通信系统"卫星暴露出太空发射能力依然不足。为了给五角大楼和美国情报界提供负担得起且可靠的响应性太空发射能力,自20世纪90年代中期以来,美军采取了一系列措施,积极推动大中小各型火箭的开发。经过二十多年的努力,美军的"演进一次性发射火箭"及后继的"国家安全太空发射"项目的实施已经令美军太空发射能力大为提升。

1994年8月,美国空军启动"演进一次性发射火箭"项目,利用波音公司和洛马公司的一次性发射火箭执行国家安全太空任务。从2002年

---

[1] U.S. Air Force Association, *Gulf War II: Air and Space Power Led the Way*, 2003, p.23.

首次发射到 2019 年最后一次发射，波音、洛马及二者 2006 年成立的合资公司联合发射联盟在 18 年里连续成功执行了 79 次"演进一次性发射火箭"项目发射任务，把价值超 500 亿美元的卫星送入轨道。[1] 随着太空探索技术公司可重复使用火箭"猎鹰 9 号"的入局，2019 年"演进一次性发射火箭"项目更名为"国家安全太空发射"项目，2022 年到 2027 年间"国家安全太空发射"项目发射订单也为联合发射联盟和太空探索技术公司所瓜分。执行"国家安全太空发射"项目发射任务的火箭包括联合发射联盟的"重型德尔塔 4""宇宙神 5""火神"以及太空探索技术公司的"猎鹰 9 号"和"重型猎鹰"，未来还可能接纳蓝色起源公司的"新格林"火箭，总体上均为中型或重型火箭，主要适合大质量的精密国家安全载荷发射，并有在加利福尼亚州及佛罗里达州发射地点垂直总装等特殊强制要求。

而为了增强战术响应性发射能力，美军还通过"轨道/亚轨道项目""快速响应小载荷低成本发射""兵力运用与本土发射""机载发射辅助太空进入""实验性航天飞机""快速太空发射倡议""战术响应性发射"等项目积极推动中小型火箭的开发。以科特兰空军基地的"火箭系统发射项目"[2]下的"轨道/亚轨道项目"为例，20 世纪 90 年代中，为了把退役的"民兵 1""民兵 2""民兵 3"以及"和平卫士"洲际弹道导弹改造成发射卫星的火箭，美军设立了"轨道/亚轨道项目"。1997 年到 2010 年间的第一、二期轨道/亚轨道项目主要与轨道科学公司开展合作，目标是把"民兵"和"和平卫士"改造为"米诺陶 1""米诺陶 4"火箭。2011 年到 2020 年间的第三期轨道/亚轨道项目不仅包含轨道科学

---

[1] David N. Spires, *Assured Access: A History of the United States Air Force Space Launch Enterprise*, 1945-2020, pp. 275-326.

[2] "火箭系统发射项目"可追溯至 1963 年利用退役洲际弹道导弹资产进行再入飞行器研究的先进弹道导弹再入系统项目。1972 年美国国防部长正式设立"火箭系统发射项目"，其任务包括退役"民兵"及后来的"和平卫士"陆基洲际弹道导弹发动机的维护和安保、为各政府机构提供亚轨道发射能力等。若获得足够资金支持，"火箭系统发射项目"也可提供一定的太空发射能力。所有"火箭系统发射项目"支持的发射都将由客户提供资金，且利用"民兵"和"和平卫士"改造的"米诺陶"火箭只能用于发射国家侦察办公室、国防高级研究项目局、导弹防御局等机构的政府载荷。直到 2019 财年，"火箭系统发射项目"才首次获得联邦预算用于采购火箭发射服务。

公司"米诺陶1""米诺陶4"和"安塔瑞斯"火箭,而且包括洛马太空系统公司的"雅典娜"以及太空探索技术公司的"猎鹰9号"火箭等。2019年10月启动的第四期轨道服务项目作为第三期轨道/亚轨道项目-3的后继项目,合作伙伴进一步扩大到十多家,包括火箭实验室美国公司、联合发射联盟、太空探索技术公司、ABL太空系统公司、星星太空公司、"相对论太空"公司等。[1] 可以说,目前美军太空发射能力已经取得长足进步,基本可以满足各种类型载荷的发射需求。

(二) 卫星"定位、导航与授时"能力越来越强大

以1995年4月全面建成的"全球定位系统"为例,在"沙漠风暴行动"时,"全球定位系统"尚未完全建成,"沙漠盾牌行动"期间的3次发射把"全球定位系统"卫星数目增加到16颗,把科威特战场每天8—9个小时的导航服务提高到每天约24小时的二维(经度、纬度)导航定位服务和每天19小时的三维(经度、纬度、高度)导航定位服务。到"伊拉克自由行动"时,总共有7049枚炸弹和空地导弹装备了"全球定位系统"制导系统。与此同时,"全球定位系统"终端设备不足的情况也得到改善。在第一次海湾战争中美军仅有550部PSN-8背包式和3500部AN/PSN-10手持式"全球定位系统"接收机。由于缺少军用接收机,不光美军士兵要求其国内父母邮寄"全球定位系统"民用接收机,美国国防部也采购了1.3万台民用接收机。[2] 若以在"沙漠风暴行动"中美国陆军每180名士兵拥有1部"全球定位系统"接收机即1连1部为参照,到"伊拉克自由行动"时美军接收机不足的情况已有所缓解,美国陆军装备了10万多部"全球定位系统"接收机,达到了1班(9人)1部;海军陆战队配备了5400部,实现了1排1部。[3]

(三) 卫星通信能力越来越高

战术、技术进步使移动通信和数据传输需求持续增长。不仅美军高

---

[1] David N. Spires, *Assured Access: A History of the United States Air Force Space Launch Enterprise*, 1945-2020, pp. 327-355.

[2] Scott Pace, Gerald P. Frost, Irving Lachow, David R. Frelinger, Donna Fossum, Don Wassem, Monica M. Pinto, *The Global Positioning System: Assessing National Policies*, Santa Monica, CA: RAND Corporation 1995, p. 251.

[3] Seth Schiesel, "On the Ground in Iraq: The Best Compass Is in the Sky", *New York Times*, April 17, 2003.

第八章　美军太空作战实战

级指挥官及其参谋人员越来越依赖数字化网络、互联网连接及战场视频会议，高速机动作战以及为远征行动提供"后援"支持的需求更是使得卫星通信成为满足许多带宽需求的唯一可行解决方案。结果，自"沙漠风暴行动"以来宽带需求增长超20倍。卫星能够接收、处理和传输的数据量通常以兆比特/秒或千兆比特/秒计，1991年"沙漠风暴行动"中美军可用带宽为99兆比特/秒，1999年"神圣铁砧行动"中可用带宽达250兆比特/秒，2001年阿富汗"持久自由行动"中带宽增加至750兆比特/秒，到2003年"伊拉克自由行动"时可用带宽飙升至2400兆比特/秒。[1]

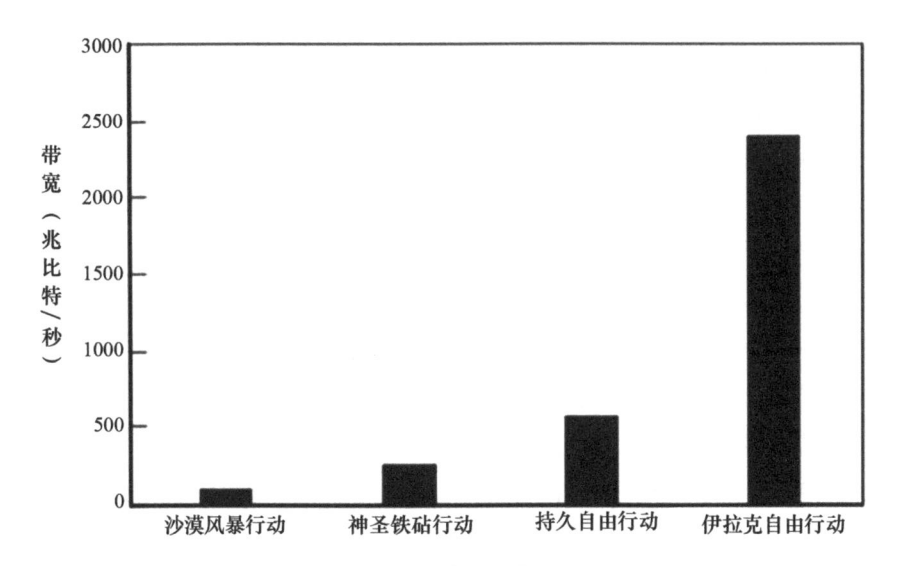

图8-1　四场美国中央司令部作战行动中的卫星通信

资料来源：Walter L. Perry, Richard E. Darilek, Laurinda L. Rohn, Jerry M. Sollinger eds., *Operation IRAQI FREEDOM: Decisive War, Elusive Peace*, p.282。

二　太空系统与其他作战系统集成程度越来越高

第一次海湾战争中太空系统与战斗机、地面部队的结合大大增强了美军的优势。1999年"盟军行动"首次大规模使用了能够利用卫星传输

---

[1] Walter L. Perry, Richard E. Darilek, Laurinda L. Rohn, Jerry M. Sollinger eds., *Operation IRAQI FREEDOM: Decisive War, Elusive Peace*, Santa Monica, CA: RAND Corporation, 2015, p.282.

— 157 —

接近实时的图像的低海拔飞行（约6000米）的"掠食者"无人机，到2001年"持久自由行动"时又首次使用高海拔飞行（约20000米）的"全球鹰"无人机。陆海空天网集成、全域作战、全域指挥与控制已经成为21世纪美军作战努力的方向和目标。目前，五角大楼正试图通过打造连接战场上所有传感器与作战人员的"联合全域指挥与控制"，实现更快地跨平台、跨军种数据、信息、情报和通信传输，而太空系统是其不可或缺的一环。

三 商业太空系统的介入越来越深入

最早介入美军地面常规冲突的商业太空系统是商业通信卫星，比如第一次海湾战争中的国际通信卫星组织、国际海事卫星组织、欧洲卫星通信公司等商业卫星通信公司的卫星以及"伊拉克自由行动"中的铱星；然后向"情监侦"领域扩展，比如在"持久自由行动"和"伊拉克自由行动"中的"快鸟""伊科诺斯"等商业成像卫星。以商业通信卫星为例，"沙漠风暴行动"中90%以上的战场通信是通过通信卫星实现的，其中24%是通过商业卫星实现的。[1] 即便20世纪90年代美国军事通信卫星能力大为提高，美军仍不能独立应对越来越数字化和网络中心化的战场所需的巨量数据、特别是通信需求。在科索沃战争中商业卫星提供的带宽提高到75%，到"伊拉克自由行动"时提高到78%。[2] 从趋势上看，商业太空系统的介入还将持续，介入领域也会进一步扩展。

四 交战双方太空力量严重不对称、战场单向透明

在冷战结束后的历次常规地面冲突中，美军与其对手的太空力量对比悬殊，绝对太空优势令美军如虎添翼、有恃无恐。以伊拉克为例，在"沙漠风暴行动"打响时伊拉克军队没有作战、战术级别的卫星通信设备，仅高层领导拥有有限的卫星通信能力。虽然理论上可以获得国际通

---

[1] United States Space Command, *United States Space Command Operations Desert Shield and Desert Storm Assessment*, January 1992, pp. 3-5.

[2] David N. Spires, *Beyond Horizons: A History of the Air Force in Space, 1947-2007*, pp. 303, 319.

信卫星组织、国际海事卫星组织的远程通信和数据服务，但由于有能力提供中东地区卫星图像的国家对盟军目标无异议，对伊拉克实施卫星图像禁运也成为可能。而在"伊拉克自由行动"的最初几天之内，盟军出动 B-1 战略轰炸机和 F-117 隐身战斗机以"全球定位系统"制导的"联合直接攻击炸弹"摧毁了伊拉克全部 6 部俄制 Aviaconversiya III "全球定位系统"干扰器。不过，随着太空技术的持续扩散，这一战场对美单向透明不可持续。

第九章

美军太空作战伙伴

> 试图独自在太空作战将会是个错误。
>
> ——约翰·E. 海滕

虽然美军太空实力为全球之冠,但仍有力所不逮之处。而在太空技术持续扩散的背景下,美军绝对优势的相对削弱不可逆转。为防止太空霸权旁落,美军加大合作力度,积极推进与商业太空部门、其他政府部门及国际盟伴的合作。美国国防部2020年6月发布的《国防太空战略》把与国际盟伴、产业界及其他政府部门与机构的合作列为四大优先努力方向之一,[①] 美国太空军2020年11月发布的首份《太空作战部长规划指南》把深化与学术界、产业界、情报界的伙伴关系以及加强与盟友的太空作战合作列为五大重点之一,[②] 美国太空司令部2021年1月发布的《司令愿景》强调要实现与美国全军及伙伴的完全集成攻防作战。[③] 可以说,为确保太空持久优势,美军正试图向举全军之力、举全政府之力、举全国之力乃至举国际联盟之力迈进。

[①] U. S. Department of Defense, *Defense Space Strategy Summary*, June 2020, p. 6.
[②] General John W. Raymond, *Chief of Space Operations' Planning Guidance*, pp. 9–10.
[③] Gen. James Dickinson, SPACECOM commander, "Never a Day without Space: Commander's Vision", January 2021.

第九章 美军太空作战伙伴

第一节 商业伙伴

美国既是太空商业化的弄潮儿也是领先者，近年来在火箭发射、低轨卫星互联网、在轨服务、太空旅游等领域不断攻城略地、攻势凌厉。稳坐全球"新太空"头把交椅的太空探索技术公司火箭、卫星业务双管齐下，不仅使美国重获载人航天能力，其"星链"更是目前全球最大低轨巨型通信小卫星星座。美国无可匹敌的商业太空部门不仅巩固了其太空产业基础，而且为美军提供了太空能力补充和商业备份。

美军不仅是商业太空公司的重要金主和长期客户，而且在极端情况下决定了商业太空公司的生死存亡。2000年12月，国防信息系统局授予已经宣布破产的铱星公司价值7200万美元、为期2年的"增强移动卫星服务"（EMSS）合同，使其起死回生，堪称铱星公司的救世主。2013年、2019年铱星公司又先后斩获两份价值5亿美元、为期5年和价值7.385亿美元、为期7年的"增强移动卫星服务"合同。近年来，美军通过灵活利用"其他交易权限"[①]、小企业创新研究[②]、合作研发协议[③]合同，与商业太空部门的合作更加紧密而广泛。

在卫星通信方面，随着低时延、全球覆盖的近地轨道商业小卫星星座的兴起，美军近年来加大了与近地轨道商业小卫星通信公司的合作力度。为加速信息传递和决策进程，美国空军研究实验室2017年10月启动了名为"利用商业太空互联网的国防实验"的多频段、多轨道通信试验项目，验证使用一个通用用户终端把多个地球同步轨道、中地球轨道和近地轨道通信卫星星座与军事平台相连，使军事用户能够按需利用不同供应商或轨道的卫星通信服务，直至最终实现强韧、高带宽、易获取

[①] 根据《美国法典》第十卷相关条款（10 U.S.C.2371b）的规定，美国国防部有权设立"其他交易权限"来实施特定原型、研究与生产项目，"其他交易权限"作为一种快速、灵活的采购办法允许政府在通行的《联邦采购条例》流程之外执行合同。
[②] 政府资助或补助合同，旨在鼓励国内小企业参与具有商业化潜力的研究/研发活动。
[③] 合作研发协议合同不是采购合同，不受《联邦采购条例》和《国防联邦采购条例》管辖，不提供资金，可提供人员、服务、设施、设备、知识产权或其他资源。

的通信与数据共享。太空探索技术公司、铱星公司、卫讯公司、休斯公司、一网公司等众多商业太空公司参与了该项目，并已经开展了"星链"卫星与C-12J运输机、AC-130攻击机、KC-135空中加油机的网络连接试验，搭载Link 16转发器的卫讯公司近地轨道小卫星的网络中继性能测试，以及休斯公司和一网公司的极轨小卫星为美军提供北极地区无线互联网服务的试验等。美国太空军计划2022年到2023年间授出23亿美元的商业卫星通信带宽、设备及服务合同，其中大部分将用于采购近地轨道卫星通信。

在地理空间情报方面，目前商业太空公司能够提供光电成像、合成孔径雷达数据、射频地理定位等各种服务。比如拥有全球最高商业光电卫星成像分辨率的马克萨公司将为美国陆军提供三维地形和信息服务；而卡佩拉太空公司①作为美国第一家商业合成孔径雷达成像公司也斩获了多项美军合同，包括2019年10月获得的将其合成孔径雷达图像应用于虚拟现实软件、导弹防御及创建可预判外国威胁的预测性情报的美国空军合同，2021年10月获得的把其合成孔径雷达数据集成到陆军载荷开发实验室、在仿真和测试环境下探索合成孔径雷达及其他天基技术概念的美国陆军合同等。

在商业太空态势感知方面，随着2018年美国空军研究实验室和美国空军太空与导弹系统中心启动包含所有太空态势感知数据的在线数据库"统一数据库"建设，纽美利加公司、近地轨道实验室公司等多家美国商业太空态势感知公司获得一系列小额合同，探索如何把商业太空态势感知数据集成到"统一数据库"之中。其中纽美利加公司作为一家跟踪深空物体的商业太空公司，在美国科罗拉多州、澳大利亚、西班牙部署有6座地基望远镜，可在白天监测3.6万千米海拔高度以上的卫星；近地轨道实验室公司作为世界上第一家近地轨道物体雷达跟踪服务供应商，2022年夏开始首次对直径小于10厘米的近地轨道物体进行编目，而美军Space-Track.org公开数据库仅提供直径等于或大于10厘米的太空物

---

① 2016年成立，致力于打造世界最大的商业合成孔径雷达小卫星星座，36颗卫星分布在倾角45°的12个轨道平面上，覆盖中东、朝鲜半岛、日本、欧洲、东南亚、非洲及美国等国家和地区，能够收集材料性质、水分含量、海拔、精确变化及活动等数据。

体的信息。① 据统计，美国太空司令部已签署100多份商业太空态势感知数据共享协定，其国家太空防御中心的一个主要职能就是利用军事及商业太空态势感知能力探测并表征对美国军事及情报卫星的攻击。

美军与商业太空公司的合作还得到了商业集成机构、太空企业联合会、太空创新工场、美国太空军太空系统司令部的商业服务办公室和前门等体制保障。2015年在盟军太空部门司令部成立的商业集成机构位于范登堡太空军基地，其任务是促进商业太空公司与联盟太空作战中心的作战与技术交流，是把商业卫星所有者/运营商纳入联盟太空作战中心的首次尝试。2017年成立的太空企业联合会、2020年12月成立的太空创新工场、2022年成立的商业服务办公室和前门均位于洛杉矶空军基地。其中太空企业联合会通过"其他交易权限"合同资助与太空有关的原型开发，最初太空企业联合会合同上限仅1亿美元、会员仅数十家，到2021年，太空企业联合会全年授出合同总额近10亿美元、会员近600家，已成为在太空防务领域与产业界保持接触和快速开发原型的首要工具。② 太空创新工场③通过"小企业创新研究"合同资助创新技术的研发、测试及评估，比如其"太空促销"项目率先推出的"轨道促销"聚焦"太空服务、组装与制造"。商业服务办公室则负责与那些相对成熟的太空技术的合作。前门旨在提供商业太空公司了解太空系统司令部并与之接洽的一站式服务，潜在商业太空产品与服务商通常会通过它被引导到商业服务办公室、太空创新工场或太空企业联合会。

第二节 政府部门伙伴

除了拓展与商业太空部门的合作，五角大楼还积极加强与美国国家

---

① Jason Rainbow, "Getting SSA off the Ground", *SpaceNews*, June 17, 2022, https://spacenews.com/getting-ssa-off-the-ground/.

② Jon Harper, "Space Consortium Awarding Big Money for Prototypes", *National Defense Magazine*, November 2, 2021, https://www.nationaldefensemagazine.org/articles/2021/11/2/space-consortium-awarding-big-money-for-prototypes.

③ 又名西部空军创新工场。空军创新工场于2017年7月仿效特种作战司令部的特种作战部队创新工场在内华达州内利斯空军基地成立，目的是吸引技术初创公司和快速制作原型。

宇航局、国家侦察办公室等其他政府部门与机构的合作。

一 民事伙伴

由于95%的太空技术是军民两用的，从一开始美国太空军事与民事项目就若即若离，既相互分离又相互交织，保持着"不言明的同盟"[①] 关系。

（一）美国国家宇航局

为避免民众对美国和平利用太空承诺的质疑以及国际上对军事太空项目的反对，美国《1958年国家航空航天法》禁止美国国家宇航局从事"主要与武器系统开发、军事行动或保卫美国相关"的活动，但允许向五角大楼提供"具有军事价值或重要性的发现"。自1958年成立以来，美国国家宇航局就与美军、情报界保持着剪不断理还乱的微妙关系。

首先，美国国家宇航局系通过收编美国国家航空咨询委员会和军方的太空项目、机构及资产而成立，有"鹰巢中飞出的麻雀"之称，而且是一只"从一群充满嫉妒的猎鹰的巢中飞出的麻雀"。[②] 美军虽极不情愿，仍不得不向美国国家宇航局转交太空项目、机构及资产，包括美国海军的"海盗/先锋"火箭项目、美国空军的载人航天项目、美国陆军的喷气推进实验室、陆军弹道导弹局的冯·布劳恩团队及其"红石""土星"火箭项目等。

其次，美国国家宇航局与美军长期开展项目合作。在卫星测地方面，美国国防部与国家宇航局于1960年、1964年先后联合设立"陆军、海军、美国国家宇航局、空军项目"和"国家测地卫星项目"，[③] 1966年双方签署地球资源调查项目协调协定，2005年美国空军又与美国国家宇航局合作开发了"陆地信息系统"。在载人航天项目上，"阿波罗"登月时代的绝大多数美国国家宇航局宇航员从美军遴选；在航天飞机时代美国国家宇航局也应美军（及情报界）要求决定航天飞机的尺寸及能力、

[①] See Neil deGrasse Tyson and Avis Lang, *Accessory to War: The Unspoken Alliance between Astrophysics and the Military*, New York: W. W. Norton & Company, 2018.

[②] Walter A. McDougall, *… The Heavens and the Earth: A Political History of the Space Age*, p. 195.

[③] James E. David, *Spies and Shuttles: NASA's Secret Relationships with the DOD and CIA*, Gainesville, FL: University Press of Florida, 2015, pp. 95–99.

执行秘密航天飞行任务、给予美军（及情报界）优先权等；在国际空间站时代美军为美国国家宇航局提供太空发射场控制、空域安全、发射、着陆、宇航员搜救、通信网络备份等广泛支持，而美国国家宇航局则在国际空间站上搭载美军科学载荷及实验。在行星防御方面，美国太空军部署在澳大利亚西部的太空监视望远镜搭载了美国国家宇航局设计的一种特殊小行星跟踪算法，美国国家宇航局可将其用于探测近地物体等行星防御任务。2020年9月，美国太空军又与美国国家宇航局签署备忘录，在11个领域结成伙伴关系。①

最后，美国国家宇航局还与美军开展作战合作。在1965年美军派出地面部队进入越南战场之后，为帮助美军寻找藏身越南丛林的"看不见的敌人"，美国国家宇航局成立了有限战争委员会，开展了89项技术与硬件秘密研究。1968年，美国国家宇航局授予美国高校1.3亿美元军事研究经费，其中大多数用于开发为越战服务的技术。② 此外，美国国家宇航局的"雨云"气象卫星、"跟踪与数据中继卫星"和"陆地卫星"等还为美军在越南、中东及巴尔干的军事行动提供了作战支持。

总体上看，美国国家宇航局和美军的合作在上层政策层面存在利益、优先事项及理由的相互竞争，又几乎在所有执行层面存在明显的合作与协调。③ 双方不仅在国家太空项目（比如航天飞机项目）上存在优先权和主导权之争，在具体合作项目上也存在摩擦，比如双方在是否应该公开美国

---

① 包括：把天域感知与近地物体探测延伸到支持地球轨道以外的深空测量和跟踪技术；探测自然物体进入大气层时所产生的火流星并收集数据，向公众和科学界及时通报；使安全、可持续的近地空间及地月空间活动得以实现的通信、导航、"太空服务、组装和制造"等能力和实践，以及在这一遥远区域为太空系统韧性提供支持的诸能力之间的兼容（互操作）；载人航天器的搜索、救援和回收；发射支持；太空后勤供应和支持；地球轨道及以外的火箭发射搭载及星上载荷搭载；确立在太空安全操作的标准和最佳实践，包括碰撞评估、太空态势感知共享、轨道碎片减缓与太空系统防护；地球轨道及以外的兼容（互操作）的航天器通信网络；基础科学研究与技术开发合作；建设并共享太空专业人员和专家人才库。See "Memorandum of Understanding between the National Aeronautics and Space Administration and the United States Space Force", https://www.nasa.gov/sites/default/files/atoms/files/nasa_ussf_mou_21_sep_20.pdf.

② Neil M. Maher, *Apollo in the Age of Aquarius*, Cambridge: Harvard University Press, 2017, pp. 60-67.

③ Dwayne A. Day, "Invitation to Struggle: The History of Civilian-Military Relations in Space", in John M. Logsdon et al eds., *Exploring the Unknown: Selected Documents in the History of the U.S. Civil Space*, Vol. II, The NASA History Series, 1996, p. 233.

国家宇航局与美国海陆空三军在联合测地卫星项目上存在分歧。但是，双方的合作也广泛而持久，并且将继续推进。

（二）国家海洋与大气管理局

1970 年成立的美国国家海洋与大气管理局的前身是美国商务部 1965 年成立的环境科学服务管理局。国家海洋与大气管理局坐落于马里兰州银泉市（Silver Spring），运营"极地轨道环境观测卫星""地球同步运行环境卫星"系列卫星和"气象、电离层与气候星座观测系统-2"近地轨道卫星，除了开展天气预报、海洋与大气监测外，还承担地磁风暴和太阳辐射风暴等太空天气监控和警报发布的责任。"极地轨道环境观测卫星"已于 2017 年退役，新一代极地轨道气象卫星星座"联合极轨卫星系统"2017 年发射首星，其余 3 颗预计在 2032 年前发射。2016 年到 2022 年间发射入轨的"地球同步运行环境卫星-R""地球同步运行环境卫星-S""地球同步运行环境卫星-T"是目前美国最先进的地球同步轨道气象卫星，"地球同步运行环境卫星-U"计划 2024 年发射。美国下一代气象卫星星座"地球同步轨道—延伸观测"预计 21 世纪 30 年代开始部署，包含 3 颗分别定位在美国东、中、西部上空的卫星，除开展天气预报外，还将监测沿海地区海洋状况和空气质量。"气象、电离层与气候星座观测系统-2"卫星则对赤道轨道开展无线电掩星探测。

美国国家海洋与大气管理局的气象卫星不仅为第一次海湾战争、"持久自由行动"以及"伊拉克自由行动"提供气象支持，而且在 2019 年将其退役卫星"地球同步运行环境卫星-13"移交美国空军。该星在 2020 年 9 月更名为"电光/红外气象系统地球同步 1 号"卫星后成为五角大楼拥有的第一颗地球同步轨道气象卫星。"电光/红外气象系统地球同步 1 号"卫星在印度洋上空运行，可提供云图和战场天气图像，其燃料足以再运行四五年。

另外，2021 年 6 月，美国空军部还与联邦航空管理局签署协定，同意简化美国太空军发射场的商业火箭发射审批程序，只要符合联邦航空管理局规定，联邦航空管理局将接受空军部的安全规则及程序，反过来除非影响国家安全行动，空军部将接受联邦航空管理局颁发的商业发射许可决定并不再额外增加发射及再入强制要求。①

二 情报伙伴

美国拥有一个由国家情报总监办公室统领、下辖17个不同情报机构的庞大情报系统。除了国家情报总监办公室和中央情报局两个独立机构外，还包括国防情报局、国家安全局、国家地理空间情报局、国家侦察办公室及美国陆军、海军、海军陆战队、空军、太空军情报机构共9个国防部机构，以及另外7个隶属能源部、国土安全部、司法部、国务院和财政部的情报机构，其中涉及太空业务的中央情报局、国家安全局、国家侦察办公室、国家地理空间情报局等又被称为"黑太空"，它们与美军太空力量（"白太空"）构成了美国太空安全体制并立的"双峰"，② 既相互竞争又相互合作。

中央情报局根据美国1947年的《国家安全法案》授权成立，总部位于弗吉尼亚州的兰利（Langley）。冷战期间中央情报局寻求"采取科学方法以穿透铁幕"，其负责管理的"科罗纳"间谍卫星项目作为美国第一个成功发射的侦察卫星项目在20世纪60年代中推翻了所谓美苏导弹差距和轰炸机差距的论断，③ 其1962年成立的科技处在"锁眼""流纹岩"等间谍卫星及后继系统的开发和部署上发挥了主导作用。

美国国家安全局于1952年10月成立，但直到1957年官方才承认其存在，总部位于弗吉尼亚州米德堡。作为美国所有情报机构中规模最大、技术最先进的机构，国家安全局从1961年9月开始承担处理电子侦察卫星收集的情报的责任，主要负责收集通信情报和电子情报，包括窃听卫星通信、24小时监测与跟踪外国导弹与太空活动等。虽然国家安全局在世界范围内运营卫星地面站，但并不操控卫星，其使用的信号情报卫星

---

① Memorandum of Agreement between Department of the Air Force and the Federal Aviation Administration for Launch and Reentry Activity on Department of the Air Force on Ranges and Installations, Agreement Number: FAA-DAF-SLR-2021.01, https://www.faa.gov/space/legislation_regulation_guidance/media/MOA_DAF_FAA_Launch_and_Reentry_Activity_FINAL_SIGNED_6_15_2021.pdf.

② 参见段锋《美国国家安全航天体制》，中国宇航出版社2018年版。

③ US National Reconnaissance Office, *The Era before KENNEN/KH*-11, p.4, https://www.nro.gov/Portals/65/documents/foia/declass/HISTORICALLY%20SIGNIFICANT%20DOCs/NRO%2060th%20Anniversary%20Docs/SC-2021-00002_C05097836.pdf.

由国家侦察办公室设计、制造和运营。

国家侦察办公室作为绝密机构于1961年成立，总部位于弗吉尼亚州尚蒂伊（Chantilly）。最初国家侦察办公室包括美国空军管理的A项目和中央情报局管理的B项目，分别负责美国空军和中央情报局发起的过顶侦察项目。1962年7月美国海军的侦察卫星项目也纳入国家侦察办公室麾下，称C项目。随着1992年9月的正式解密以及此后国家情报总监的设立，国家侦察办公室的独立性有所增强，其机构也从按A、B、C项目设置调整为按主要任务领域（图像、信号情报和通信）组织。目前国家侦察办公室主要负责设计、建造、发射情报卫星以及为情报界采购商业卫星图像，其主要客户是国家安全局和国家地理空间情报局。

美国国家地理空间情报局于2003年成立，其前身是隶属于美国国防部的国家图像与测绘局（1996—2003年），除了位于弗吉尼亚州斯普林菲尔德（Springfield）的总部外，还在密苏里州的圣路易斯（St. Louis）建设国家地理空间情报局西部总部。如其座右铭"认识地球、指明道路、理解世界"所言，国家地理空间情报局的任务是提供"及时、相关和准确的地理空间情报"支持美国国家安全目标。美军通常依赖国家地理空间情报局提供的地理空间情报产品。国家地理空间情报局绘制的本·拉登在巴基斯坦的藏身之所如此准确，以至于2011年执行突袭任务的美军特种部队表示就像他们曾经去过那儿一样。

总体上，"黑太空"与"白太空"相辅相成。一方面，"黑太空"的卫星离不开"白太空"的发射支持，而"白太空"也离不开"黑太空"的作战支持。早在1968年，国家侦察办公室就开始利用"稻草人"卫星来报告越南民主共和国（1945—1976年）的雷达目标，例如可以击落美军飞机的"萨姆-2"地对空导弹部署地点。在1972年5月美军实施"零花钱行动"、以空中布雷的方式封锁越南海防港以后，国家侦察办公室又调用"稻草人4""罂粟"等电子侦察卫星监视和确定苏联的反应。[①] 1973年，为开发间谍卫星的现有及未来战术潜能并尽快将其纳入

---

① Dwayne A. Day, "And the Sky Full of Stars: American Signals Intelligence Satellites and the Vietnam War", *The Space Review*, February 12, 2018, https://www.thespacereview.com/article/3430/1.

战术决策进程中去，美国陆军率先启动陆军"国家能力的战术利用"项目。美国陆军探索的成功促使1977年美国国会下令美军各军种以其为模本设立"国家能力的战术利用"项目。作为一个试图利用情报界间谍卫星来提高美军战力的国会授权项目，"国家能力的战术利用"项目主要包括改进向战术部队提供间谍卫星产品的程序；开发把间谍卫星"数据"处理成战术上有用的"信息"的新方法；制定利用现有间谍卫星支持战术行动的新概念，并进行实地测试和验证以评估其效力；准备战术后果陈述来影响未来间谍卫星设计，以确保战术用户的需求得到适当的优先考虑。

进入21世纪以来，美军与情报界还积极寻找新的合作机会。2008年美国空军太空司令部与国家侦察办公室联合设立太空保护项目。为了在国家层面有效整合和统一太空保护工作以更好地应对不断变化的威胁，2014年双方把太空保护项目扩展为太空安全与防御项目。2019年，美国太空司令部和国家侦察办公室又首次就新的共同防御行动概念达成一致，同意如果冲突延伸到太空，国家侦察办公室将在美国太空司令部国家太空防御中心框架下接受美国太空司令部司令的指挥，并基于共同制定的手册和一系列演习和模拟战的经验教训执行防御性作战。2021年8月，美国太空军、美国太空司令部和国家侦察办公室签署《保护与防御战略框架》，正式确立了从采购到运行太空系统的全面合作框架。[①]

另一方面，作为《美国法典》第十卷机构的五角大楼和作为《美国法典》第五十卷机构的情报界之间存在深刻的部门分歧，情报界倾向于优先考虑利用间谍卫星支持国家战略决策者，而非为作战人员提供直接战术支持，国家战略情报优先事项与直接支持作战人员之间存在紧张关系。历史上，中央情报局和美国空军之间的拉锯战曾经贯穿国家侦察办公室的历史，前者侧重于满足国家安全需求的战略情报，后者更侧重于满足作战应用的战术情报。[②] 可以断言，虽然间谍卫星支

---

① Colin Clark, "NRO, NGA, SPACECOM, Space Force Hammer out Boundaries", *Breaking Defense*, August 24, 2021, https://breakingdefense.com/2021/08/nro-nga-spacecom-space-force-hammer-out-boundaries/.

② Brig. Gen. Simon P. Worden, Major John E. Shaw, *Whither Space Power? Forging a Strategy for the New Century*, Fairchild Paper, Maxwell AFB, AL: Air University Press, September 2002, p. 9.

持美军常规地面作战已经常态化，但未来美国"黑太空"与"白太空"的博弈并不会停止。

第三节 国际盟伴

地理上讲，尽管美国幅员辽阔，领土东西向从大西洋西岸的缅因州一直绵延到太平洋中部的夏威夷州，南北向从临近赤道到抵达北极圈，仍无法满足其全球观测的需求。通过与国际盟伴的合作，美国得以把太空触角伸向全球，比如图勒太空军站作为美国太空军最北端的基地使其太空势力深入到战略意义极其重要的北极地区。目前，美军正通过多种途径，积极强化与国际盟伴的太空合作。

一 悠久的国际太空合作历史

美军与其盟友的合作可追溯到冷战时期。1963年在英国约克郡菲林代尔斯皇家空军基地建成的雷达是美国弹道导弹早期预警系统[1]和太空监视网络的组成部分，而约克郡曼威斯山（Menwith Hill）则是美国国家安全局最大的外国卫星/通信卫星信号窃听站之一，不仅是"小屋""漩涡""水星"和"先进猎户座/导师"等电子侦察卫星的地面控制站，而且接收"天基红外系统"的导弹发射探测卫星数据。[2] 1966年创建的澳大利亚松树谷（Pine Gap）基地在冷战期间承担下载"锁眼"系列卫星数据、操控"流纹岩""水中漫舞"及"猎户座"等电子侦察卫星以及对东亚和南亚地区目标进行全方位监视的任务。[3] 自1990年9月第一次海湾战争前夕美军首次入驻以来，松树谷的军事化程度日益加深，并紧密介入美军全球军事行动，包括美军在伊拉克和阿富

---

[1] 由3部位于北半球的雷达组成，还包括1960年、1961年在格陵兰和阿拉斯加建成的2部雷达。

[2] Desmond Ball, Duncan Campbell, Bill Robinson and Richard Tanter, *Expanded Communications Satellite Surveillance and Intelligence Activities Utilising Multi-beam Antenna Systems*, The Nautilus Institute for Security and Sustainability, May 28, 2015, p. 20.

[3] See Desmond Ball, Bill Robinson and Richard Tanter, *The SIGINT Satellites of Pine Gap: Conception, Development and in Orbit*, The Nautilus Institute for Security and Sustainability, October 15, 2015.

汗的军事行动。① 而1970年底在澳大利亚建成的纳朗格（Nuranger）联合防御太空通信站作为唯一一个接收并处理"国防支持项目"卫星信息的海外地面站，可以接收和处理东半球上空"国防支持项目"卫星下传的洲际导弹发射信息。另外，日本北部三泽（Misawa）航空自卫队基地也驻有美国陆军太空部队，执行弹道导弹预警和太空态势感知等任务。

反过来，美国也向盟友提供太空作战支持。在1973年第四次中东战争中，美国绰号"大鸟"的"六角体"型号"锁眼"卫星为以色列提供了关键情报，是助以色列反败为胜的重要原因之一。而在1982年马岛战争中，美国"漩涡"电子侦察卫星又帮助英国监控阿根廷的通信，窃听阿根廷领导层与部队之间的通信以及任何表明飞机飞向马岛的通信，为英国取得最终胜利立下了汗马功劳。②

而美国主导的北约曾经也拥有并运行自己的卫星通信系统。北约1970年到1993年间共发射8颗通信卫星，并在比利时、加拿大、英国、美国等12个成员国境内运行20多座地面站终端。直到21世纪初，北约决定不再独立拥有并运行卫星，转而依赖成员国卫星。

二　美军国际太空合作新态势

（一）推进多层次国际太空作战合作的机制化

第一，发起并推进"联盟太空作战"倡议。2011年11月，美国国防部长办公室与美国战略司令部共同主办了一场联盟太空合作论坛，与盟友讨论国防政策协调、联盟太空作战和太空态势感知架构。从2012年2月开始，美国及其盟友开始尝试确定实现联盟太空作战目标所需的程序和行动，并最终归纳为2014年9月美国、英国、澳大利亚、加拿大签署的联盟太空作战谅解备忘录明确表述的"战术、技术与程序"。此后美国主导的"联盟太空作战"倡议不断拓展，吸引新西兰（2015年）、德国（2019年）、法国（2020年）相继加入，并以维持太空行动自由、

---

① See Desmond Ball, Bill Robinson and Richard Tanter, *The Militarisation of Pine Gap: Organisations and Personnel*, The Nautilus Institute for Security and Sustainability, August 2015.

② Dwayne Day, "The Lion and the Vortex", *The Space Review*, March 11, 2013, https://thespacereview.com/article/2258/1.

优化资源、提高任务保证和韧性为宗旨。与此相应，2007 年在范登堡空军基地成立的联合太空作战中心在 2018 年改为联盟太空作战中心，来自澳大利亚、加拿大、英国等成员国的代表与美军肩并肩共同参加威胁通报和规划。2022 年 2 月，"联盟太空作战"倡议 7 国发布《联盟太空作战愿景 2031》，罗列六大努力方向，包括开发运行强韧、可互操作的架构，强化成员间指挥、控制、通信及其他作战联系，培养负责任的太空军事行为，开展战略通信协作，共享情报与信息，促进太空骨干专业化及培训合作。[①]

第二，成立"奥林匹克捍卫者行动"联盟。2013 年美国战略司令部发起、美国太空司令部重建以后接手的"奥林匹克捍卫者行动"是一个旨在优化并同步美国、英国、加拿大、澳大利亚太空作战的关键项目，是美国与其最亲密盟友的多国合作项目。"奥林匹克捍卫者行动"成员国驻美军官作为五角大楼指挥链的一部分开展工作。[②]

第三，成立多国太空协作办公室。为协调政策和"战术、技术与程序"以期改善双边及多边关系，美国太空司令部还在范登堡太空军基地成立多国太空协作办公室，允许盟国获取部分美国机密。多国太空协作办公室包含法国、德国、英国、日本、意大利和韩国等国的联络官，外国联络官可获得规划、培训、演习机会并分享观点与建议。

第四，发起以太空为主题的国际军事首领大会和全球太空安全合作论坛。为确保太空系统兼容、强化太空态势感知合作以及制定太空军事行为规范，2019 年美国发起了机制化的以太空为主题的国际军事首领大会。2019 年 4 月的首届大会吸引了 12 国参加，2021 年 24 国与会，2022 年 22 国与会。2021 年 12 月，为支持美国与国际盟伴的共同太空目标，美国太空司令部又召开首届全球太空安全合作论坛，确认、协调和制定太空领域安全合作行动、活动和投资。

总之，美军试图通过多层次机制性合作，统一国际盟伴对太空威胁与冲

---

① "Combined Space Operations Vision 2031", February 2022, https://media.defense.gov/2022/Feb/22/2002942522/-1/-1/0/CSPO-VISION-2031.PDF.
② Rachel S. Cohen, "Building the New Space Coalition", *Air Force*, Vol. 104, No. 4, 2021, p. 36.

突的认识，强化"战术、技术与程序"的协调。目前范登堡太空军基地是美军国际太空合作的中心，未来美国太空司令部希望把更多的外国代表驻扎在彼得森太空军基地。

（二）构建太空态势感知国际网络

为鼓励太空态势感知数据共享，2004年美国空军设立"商业与外国实体"试验项目。2009年，美国战略司令部启动太空态势感知共享项目，提供免费的基本、紧急和高级太空态势感知数据和服务，提供从发射前准备到报废处置卫星全生命周期的全程支持。2019年，太空态势感知共享项目转隶美国太空司令部。太空态势感知共享项目让非美国政府实体得以获得部分数据，并由联盟太空作战中心提供以此为基础的服务，包括发射交会评估、发射与早期轨道阶段支持、在轨交会评估、避碰、故障支持、报废/处置支持、离轨支持及再入评估等。项目共享的大部分数据采用两行式轨道根数，仅给出太空物体的大致轨道位置。联盟太空作战中心还保有另一个用于碰撞评估及再入预测等内部任务的高精度目录，要获得以高精度目录为基础的深入分析，比如发射支持及碰撞评估服务，必须成为太空态势感知共享项目伙伴并与美国太空司令部达成协定。截至2022年4月，美军已经与30个国家[①]、欧洲航天局和欧洲气象卫星组织2个政府间组织签署太空态势感知协定。

（三）推动太空安全援助与商业合作

第一，推动太空领域对外军事销售。对外军事销售是美国《武器出口控制法》授权的一种安全援助形式，也是美国外交政策的基本工具。美国国务卿决定军售国家名单，国防部长负责执行。2022年，美国太空军太空系统司令部国际事务部正在执行的对外军事销售价值超50亿美元、达400多项。[②] 太空系统司令部还计划尽快成立一个对外军事销售

---

① 澳大利亚、比利时、巴西、加拿大、智利、哥伦比亚、丹麦、芬兰、法国、德国、希腊、以色列、意大利、日本、卢森堡、荷兰、新西兰、挪威、秘鲁、波兰、葡萄牙、韩国、罗马尼亚、西班牙、瑞典、泰国、阿联酋、乌克兰、英国等。

② "International Affairs（SSC/IA）Fact Sheet", https://www.ssc.spaceforce.mil/Portals/3/Documents/Fact%20Sheets/SSC_IAv3_Fact_sheet_symposium.pdf? ver = 6UILmxYiaAwZI6InHupAKg%3d%3d.

办公室，开启向其他国家销售军事卫星整星的大门。①

第二，扩大军事太空商业合作，把国际盟伴的商业太空公司纳入美军太空采购链。比如 2020 年 5 月英国维珍航旗下的 VOX Space 获得价值 3500 万美元的美国太空军发射合同，获准从关岛安德森空军基地使用其"发射器一号"系统执行发射任务；2021 年 11 月冰眼公司美国子公司与美国陆军太空与导弹防御技术中心签署合作研发协议合同，探索美国陆军从前者的合成孔径雷达图像和数据受益的途径。

（四）促进军事太空能力国际融合

第一，军事太空系统共建。比如美军"宽带全球卫星通信"星座已经成为一个多国项目，澳大利亚、加拿大、丹麦、荷兰、卢森堡和新西兰均参与投资：澳大利亚单独出资建造、发射并运行"宽带全球卫星通信-6"，加拿大、丹麦、卢森堡和新西兰为"宽带全球卫星通信-9"提供资金，正在研制的"宽带全球卫星通信-11"获得了伙伴国家约 4.4 亿美元的投资，而即将开建的"宽带全球卫星通信-12"也将寻求国际盟伴的投资。作为对澳大利亚、加拿大、丹麦、卢森堡、新西兰、荷兰等国际盟伴的回报，它们可获得与其投资相当的"宽带全球卫星通信"星座通信容量。

第二，军事载荷搭载。为满足北极地区受保护卫星通信需求，美军将在挪威 2023 年发射的"北极卫星宽带任务"卫星上搭载 2 台"增强极地系统—再注资"载荷；为强化对亚太地区的监视，美军将在日本 2023、2024 年发射的"准天顶"卫星上搭载天域感知载荷。

第三，促进太空系统互操作。比如美国《2020 财年国防授权法》正式承认印度区域导航卫星系统为盟友系统，使其取得了与欧盟"伽利略"、日本"准天顶"导航系统同等的地位，美军及美国政府用户可以利用印度区域导航卫星系统，印军及印度政府用户同样享有正式利用美国"全球定位系统"的同等特权。另外，58 个国家获准购买美国"全球定位

---

① Garrett Reim, "U. S. Space Force Working to Open Foreign Military Sales Office", *Aviation Week*, June 13, 2022, https://aviationweek.com/defense-space/space/us-space-force-working-open-foreign-military-sales-office.

系统"新军码用户设备，包括接收机、天线及其他电子设备等。①

第四，推动太空信息从"不得向外国人透露"向"可向外国人透露"转变。为提高英国监测卫星和在轨物体位置与轨迹的能力，美国太空军与英国国防部2020年8月签署协定，美军首次同意向英国开放其标准化航天动力学算法库；2020年11月的"施里弗模拟战"演习更是50多年来美军首次直接向盟国分享高度机密的太空信息（此前只有得到特别许可才能与盟国分享）。2021年7月，美国太空司令部与意大利国防部修订太空态势感知数据共享协定，同意与后者共享机密太空态势感知信息。

第五，强化军事太空研发合作。美国空军研究实验室作为美国空军和太空军的研发臂膀不仅与"五眼联盟"国家及西班牙、瑞典、日本和以色列开展国际联合研究项目，而且在英国、日本和智利设有研究机构，并计划在澳大利亚、巴西设立类似机构。② 为发起、实施、管理与响应性太空能力相关的研究、开发、测试与评估合作项目，美国太空军与澳大利亚、加拿大、德国、意大利、荷兰、新西兰、挪威、西班牙、瑞典、英国等签署了响应性太空能力谅解备忘录，并签署了微卫星军事利用、军事光学卫星通信和光学太空数据中继、响应性发射与测距、海域态势感知微光自动识别系统等项目协定。③

（五）推进太空课程和太空战演习国际化

第一，美军大幅提高太空课程和太空作战演习的国际开放度。近年来美军逐步向国际盟伴开放太空课程，包括"太空100""太空200""太空300""联合太空规划者课程"等。与此同时，美军"施里弗模拟战""全球哨兵""太空旗帜"三大太空战演习已经完全国际化，实现了

---

① Sandra Erwin, "Germany to Become the First Foreign Military Buyer of U. S. Jam-resistant GPS Receivers", *SpaceNews*, November 23, 2020, https://spacenews.com/germany-to-become-the-first-foreign-military-buyer-of-u-s-jam-resistant-gps-receivers/.

② Mandy Mayfield "Allies Collaborate to Further Space Security, Situational Awareness", *National Defense Magazine*, October 14, 2021, https://www.nationaldefensemagazine.org/articles/2021/10/14/allies-collaborate-to-further-space-security-situational-awareness.

③ Theresa Hitchens, "Allies Eyeing 'Niche' Space Capabilities for Warfighting with US", *Breaking Defense*, November 19, 2021, https://breakingdefense.com/2021/11/allies-eyeing-niche-space-capabilities-for-warfighting-with-us/.

从战术级到战略级美军太空战演习向国际盟友的开放。除了"五眼联盟"国家以外，美军太空战演习还吸引法国、德国、西班牙、意大利、日本和韩国等国参演。

第二，美军开始积极参与他国、他地太空军事演习。2021年3月，美军参加了法军首次"阿斯特克斯2021"多国太空军事演习。2021年7月，美国太空司令部及各军种太空司令部人员又为"护身符军刀21"美澳双年大规模双边军事演习提供支持。在此次演习中，约100名美国太空司令部、盟军太空部门司令部、美国太空军太空作战司令部、美国陆军太空与导弹防御司令部人员与澳方参演人员共同提供了分布式太空作战指挥与控制以及防御性与进攻性太空控制，联盟太空作战中心人员部署到澳大利亚培训澳方人员以协调太空控制效果，并实现了自美国太空司令部和美国太空军太空作战司令部成立以来"通信对抗系统"太空电子战装备的首次演习部署。①

三 美军国际太空合作的趋势

总括起来，目前美军推进国际太空合作呈现出三大突出趋势。一是能力上从"单行道"合作向"双行道"合作迈进。比如在太空态势感知合作领域，加拿大2013年2月发射、2014年开始全面运行的太空监视系统卫星"蓝宝石"向美国太空监视网络提供数据；2014年5月，根据日本与美国2013年5月签署的太空态势感知服务与信息共享备忘录，日本政府开始向美国提供太空物体轨道信息；另外日本山口县（Yamaguchi）在建的一座太空态势感知深空雷达在2023年正式运行后也将接入美军太空态势感知网络。二是在人员交叉任职、互派代表方面，美军走出去更加积极普遍。比如2021年6月美法同意在法国太空司令部和美国太空司令部总部永久互派代表；7月一名美军军官又入驻新成立的英国太空司令部。三是地理上从西方世界向印太、拉美地区延伸。2020年8月、10月，美国太空司令部、美国南方司令部、美国太空军分

---

① U.S. Space Command Public Affairs, "Talisman Sabre Adds a Space Layer to Biennial Exercise", August 3, 2021, https://www.spacecom.mil/News/Article-Display/Article/2717430/talisman-sabre-adds-a-space-layer-to-biennial-exercise/.

别与巴西、智利举行首次太空接触会谈，讨论了未来在太空态势感知、研发等众多领域的协作机会；11月，美国太空司令部、美国南方司令部、美国太空军又共同主办首届美洲太空大会，重点讨论未来在太空研发领域的协调、合作机会，美国、巴西、智利、哥伦比亚和秘鲁太空防务专家与会，加拿大作为观察员列席。

通过加强与商业太空部门、其他政府部门以及国际盟伴的合作，美军期望能够获得商业、民事、情报及国际太空能力的支持乃至备份，从而继续维护并巩固美国绝对太空优势乃至霸权。不过，美军此举也打开了"潘多拉魔盒"，给世界带来了一些悬而未决的政治、军事、经济及法律问题和风险。比如，对商业太空公司而言，与美军深度捆绑是否有利于其全球业务的拓展？对美国盟伴来说，如何把握自主、依赖的平衡？未来美军与商业太空部门、其他政府部门以及国际盟伴的合作能走多远仍是一个未知数。

第十章

美军太空作战探索的后果

> 我不知道第三次世界大战将用什么武器作战,但第四次世界大战一定是用棍棒与木头作战。
>
> ——阿尔伯特·爱因斯坦

总体上看,美军太空作战理论、装备、教育、演习探索更为激进、超前,已经深入到了轨道战、深空战,在实战层面则仍主要关注太空系统如何为地面常规冲突赋能增效以及如何利用太空对抗系统确保美军太空优势。美军太空作战探索不仅带来了深刻的军事后果,而且带来了深远的国际后果。

第一节 美军太空作战探索的军事后果

在军事层面上,美军太空作战探索的最直观的后果是催生了新型武器、促进了作战方式的革新。就前者而言,随着"全球定位系统"开始全面运行,美军开发了"杰达姆"和"杰索"("联合防区外武器")两种"全球定位系统"制导的新型精确制导武器。前者在1995年北约"慎重武力行动"中首次用于空袭科索沃,后者在1998年美英"沙漠之狐行动"中首次用于空袭伊拉克。就后者而言,在以体系对抗、信息对抗为突出特征的现代战争中,太空系统作为赋能器和军力倍增器与其他作战系统的集成程度越来越高,已经成为美军杀伤链①的重要一环,并因此促进了作战方式的革新。以阿富汗战场典型场景为例:地面士兵在确认攻击目标后,利用"全球定位系统"手持式接收机计算出其所在位置的经纬度,然后把相关信息通过卫星发送给位于美国佛罗里达州的空军基地,空军基地随后向驻沙特阿拉伯的指挥官发送警报,指挥官再据此指令"掠食者"无人机飞抵目标所在位置并通过卫星传输实时视频进行比对。一旦锁定轰炸目标,执行打击任务的B-52轰炸机把"全球定位系统"信息输入其携带的"杰达姆"炸弹的计算机系统并投弹,随后"全球定位系统"制导的"杰达姆"炸弹贴着地面飞向目标并在距离目标数英尺之内爆炸。整个过程仅需几分钟,而非此前战争所需几个月。②太空能力大大加速了所谓"观察—判断—决策—行动"作战环③。

可以说,在冷战结束以来的美军历次地面冲突中,无可匹敌的太空优势既让美军如虎添翼,也让其欲罢不能。对美军而言,太空能力已经成为一种须臾不可离的关键能力:天基"情监侦"系统用于锁定目标,"全球定位系统"用于武器制导,卫星通信更是美军作战指挥与控制的生命线。没有太空系统的支持,美军将变得又"聋"又"盲"又"哑"。正因为此,2015年,美国战略司令部司令海滕(John E. Hyten)警告,如果丧失太空能力,美军将被迫退回到第二次世界大战模式、工业时代战争模式。④

---

① 20世纪90年代后期美国空军参谋长詹普尔认识到更加灵活、响应性更高的空中力量将成为联军的关键赋能器,并为使用空中力量打击战场上的新目标设定了个位数的响应时间目标。"发现、锁定、跟踪、瞄准、交战及评估"或杀伤链是传感器、发射器以及指挥与控制节点的紧密编织的网络,可以从根本上减少威胁的响应时间、提升态势感知能力、提高精确度、扩大攻击范围并最大限度地减少附带损害。换言之,杀伤链是发生在战场或军队相争的任何地方的一个流程,通常包含理解正在发生什么、决定要做什么、采取能够达成目标的行动3个步骤。See Mike Benitez, "It's about Time: The Pressing Need to Evolve the Kill Chain", *War on the Rock*, May 17, 2017, https://warontherocks.com/2017/05/its-about-time-the-pressing-need-to-evolve-the-kill-chain/; Christian Brose, *The Kill Chain: Defending America in the Future of High-Tech Warfare*, New York, NY: Hachette Books, 2020.

② Dawn Stover, "The New War in Space", *Popular Science*, August 7, 2002, https://www.popsci.com/military-aviation-space/article/2002-08/new-war-space/.

③ 美国空军上校博伊德(John Boyd, 1927—1997年)提出。

④ SpaceNews Staff, "Transcript of '60 Minutes' Air Force Space Command Segment", *SpaceNews*, April 26, 2015, http://spacenews.com/transcript-of-60-minutes-air-force-space-command-segment/.

美国太空司令部2021年1月发布的司令战略愿景文件以《永无没有太空的一天》①命名，足见美军对太空的重视程度。

尽管如此，不宜对太空技术带来的武器和作战方式的革新做过于激进的判断。目前地球仍是人类社会活动的中心，被称为"第一场太空战"②的第一次海湾战争确切地说也只是一场太空系统首次全方位介入的地面军事冲突。虽然美军号称太空是"终极高地"，但在目前地面冲突仍占据军事冲突核心地位的背景下，太空仍只是地面战争的次要战场，天权仍只是一个在次要地理环境中使用的次要权力源泉。③ 太空既不是决定性战场，也不能单独决定战争的结果。由于战争涉及观念、条令、组织、培训、文化等广泛因素，单一技术不能决定胜负。在跨域作战乃至全域作战的背景下，太空技术不是"游戏规则的改变者"，对其过度迷信是不明智的。事实上，由于"全球定位系统"制导的精确制导炸弹面临被干扰的风险，激光、惯性和"全球定位系统"复合制导而非单一制导是精确制导炸弹发展的主流。

第二节　美军太空作战探索的国际后果

国际层面上，美军太空作战探索的示范效应和美国联盟体系的传导效应刺激更多国家步其后尘，加剧国际太空军备竞赛、太空安全困境，令国际安全形势更趋复杂。

一　太空军事重组蔚然成风

目前国际太空军事重组主要集中在两个方面。一是太空作为一个作战领域的观念迅速扩散。太空是一个作战领域在特朗普执政时期上升为美国政府的官方立场。在美国的示范效应下，法国、意大利、英国以及

---

① USSPACECOM, *Commander's Strategic Vision: Never a Day without Space*, January 2021.
② 原美国空军参谋长麦克皮克（Merrill Anthony "Tony" McPeak）语，Covault, Craig, "Desert Storm Reinforces Military Space Direction", *Aviation Week & Space Technology*, April 1, 1991, p. 42。
③ See Bleddyn E. Bowen, *War in Space: Strategy, Spacepower, Geopolitics*, pp. 152-272.

北约等相继宣布太空为继陆海空网之后的第五作战领域。① 从 2019 年到 2022 年，法国、英国、澳大利亚先后出台《国防太空战略》。而以美国为首的全球最大军事同盟北约不仅在 2019 年 6 月首次通过太空政策，又在 12 月宣布太空为陆海空网之后的第五作战领域。2021 年 6 月，北约宣称任何向太空、从太空、在太空对北约成员国的攻击可能触发北约第五条（集体防御条款），相关决策事宜由北大西洋理事会按照个案予以处理。② 2022 年 1 月，北约又正式发布《北约总体太空政策》。另外，欧盟 2023 年 3 月发布《欧盟太空安全与防务战略》。

二是太空军事体制重组也更为普遍。从 2019 年迄今，越来越多的国家及国家集团推进太空军事体制重组，除了成立统一的作战指挥机构如法国太空司令部、意大利联合太空作战司令部、澳大利亚国防太空司令部等之外，还建立了承担特定职能的专门太空机构，如负责太空指挥与控制、天域感知的日本第一、第二宇宙作战队、北约太空中心以及负责条令、培训、演习、分析及提前规划事宜的北约太空人才中心等。

表 10-1　　　　　　　　美国主要盟友太空军事体制重组

国家	机构	成立时间	地点
法国	太空司令部	2019 年 9 月	图卢兹
日本	第一宇宙作战队	2020 年 5 月	东京府中市
	第二宇宙作战队	2022 年 3 月	山口县防府北市
意大利	联合太空作战司令部	2020 年 9 月	罗马
北约	北约太空中心	2020 年 10 月	拉姆斯泰因
	北约太空人才中心	2021 年 4 月	图卢兹
英国	太空司令部	2021 年 4 月	海威康姆
德国	太空司令部	2021 年 7 月	乌戴姆
韩国	太空作战中心	2021 年 10 月	忠清南道鸡龙市

---

① 美国是唯一一个使用 warfighting domain 的国家，其他国家用 operational domain，仅承认太空是多域作战的一环，未认定太空是一个战场，比前者温和。

② NATO, *Brussels Summit Communiqué*, issued by the Heads of State and Government participating in the meeting of the North Atlantic Council in Brussels 14 June 2021, https://www.nato.int/cps/en/natohq/news_185000.htm? selectedLocale=en.

续表

国家	机构	成立时间	地点
澳大利亚	国防太空司令部	2022年1月	堪培拉
加拿大	第3加拿大太空师	2022年7月	渥太华

资料来源：作者综合整理。

二 太空军备竞赛加剧

美军太空作战探索还为太空军事化、武器化的全球蔓延推波助澜，是加剧军事太空系统和太空对抗系统全球扩散的重要原因之一。

（一）军事太空系统扩散

在欧洲，作为唯一一个拥有除卫星"定位、导航与授时"系统之外全门类军事太空系统的欧洲国家，法国计划在2019—2025年斥资43亿欧元建设太空军备，以期在2025年实现其太空观测、通信和信号情报能力的全面升级。自2018年以来，法国已陆续发射3颗第三代"光学太空组件"侦察卫星、第一颗第四代军事通信卫星"锡拉库斯-4A"和3颗"谷神"电子侦察卫星。此外，法国下一代光学侦察卫星"彩虹"和电子侦察卫星"天体"的研发工作也在进行中。

欧盟近年来也高举"战略自主"大旗，积极建设独立的军事太空能力。为了给欧盟及成员国公共机构提供可靠、安全、效费比高的政府卫星通信服务，2018年欧盟推出了"欧盟政府卫星通信"旗舰项目。以此为基础，2023年2月，欧盟批准"强韧互联与安全卫星基础设施"或"伊利斯"（希腊神话中的彩虹女神）通信卫星星座建设项目。作为欧盟继"伽利略"全球导航卫星星座、"哥白尼"对地观测星座之后的第三个太空领域旗舰项目，项目预计2027年完成，届时将能够为欧盟及其成员国提供安全的自主卫星通信能力。此外，2021年又启动"伽利略欧盟防务"项目，加紧开发供所有欧盟成员国防务机构使用的"伽利略"公共管制服务设备。"伽利略"公共管制服务加密信号相当于美国"全球定位系统"的军码信号，既可与"全球定位系统"信号兼容，也可在无法访问"全球定位系统"信号情况下提供安全的"定位、导航与授时"服务，具备更强抗干扰、抗欺骗能力。而为了实现到2027年把非欧洲高分辨率对地观测卫星数据采购比例从目前40%的水平降至20%，欧盟还计划增加对"哥白尼"星座的资金支持，并积极推进独立的太空监视与预警能力和具有全球竞争力、效费比高且自主的太空发射能力建设。[①]

在印太地区，"主权太空能力"同样深入人心，主要国家接连出台太空军力建设项目和计划。比如澳大利亚 2017 年推出建设天基"情监侦"能力的"799 国防项目"，2020 年提出未来 10 年投资 70 亿澳元开发太空防务能力的计划并启动建设主权天域感知能力的"9360 联合项目"，2021 年又启动建设主权军事卫星通信能力的"9102 联合项目"。韩国 2018 年启动建设近地轨道监视系统的"425 项目"；2021 年又宣布未来 10 年将斥资 136 亿美元增强太空防务能力。

与此同时，军事卫星发射更加密集。以军事通信卫星为例，印度 2013 年为其海军发射首颗专用军事通信卫星"地球静止轨道卫星-7"，2015 年、2018 年又发射"地球静止轨道卫星-6""地球静止轨道卫星-7A"两颗专用军事通信卫星，2023 年还将为印度海军发射"地球静止轨道卫星-7R"。日本 2017 年、2018 年先后发射第 1、2 颗军事通信卫星"煌 2 号"和"煌 1 号"。2020 年韩国首颗军事通信卫星"陆海空军卫星信息系统-2"也发射升空。

（二）太空对抗系统扩散

在军事太空系统全球扩散的同时，动能反卫星武器及网络、定向能、电子战等太空对抗系统也持续扩散。以美国安全世界基金会发布的《全球太空对抗能力报告》为例，2018 年首份报告仅美国、俄罗斯、中国、伊朗、朝鲜、印度 6 个国家上榜，2020 年第三份报告增加法国、日本，2022 年第五份报告再增澳大利亚、韩国、英国 3 个国家，使上榜国家总数达 11 个，未来这一名单还可能继续增加。

在欧洲，法国 2019 年 7 月宣布将开发不仅能够确认在轨威胁，而且能够在必要时使用星载激光致其瘫痪的巡逻卫星。在"尤达"项目下，法军正在开发一颗地球同步轨道验证卫星，能够在其他卫星过于靠近法

[①] European Commission, *Updating the 2020 New Industrial Strategy: Building a stronger Single Market for Europe's recovery*, Communication from the Commission to the European Parliament, the Council, the European Economic and Social Committee and the Committee of the Regions, May 5, 2021, p. 14.

国卫星时发出警报，预期 2024 年或 2025 年发射验证卫星。在印太地区，太空对抗系统的扩散更为显著。日本 2018 年《防卫计划大纲》作为第一份提出需要开发太空对抗系统的政府文件，强调要强化"干扰对手指挥、控制、通信和信息的能力"①；2021 年版《防务白皮书》又提出要开发"与电磁空间合作干扰对手指挥、控制、通信、计算机和情报的能力，"②另外，日本部署的"爱国者""宙斯盾"导弹防御系统及 2013 年首飞的"艾普斯隆"固体火箭均具备反卫星潜力，其引以为傲的"隼鸟"小行星探测器也具备太空对抗潜力。③ 韩国部署的"爱国者""萨德"导弹防御系统同样具备反卫星潜力，此外韩国还致力于研发能够摧毁"杀手卫星"的激光武器系统。④ 印度 2019 年 3 月开展了代号"夏克缇女神任务"的地基直升式动能反卫星试验，并正在开发定向能武器、共轨武器、电子战武器等；⑤ 而澳大利亚 2021 年 7 月设立的"9358 国防项目"则致力于探索地基太空电子战能力的采购方案。

三　国际安全形势复杂化

当今世界并不太平，美军在太空作战探索中还通过拉拢、利诱乃至胁迫国际盟伴，积极打造以其为中心的国际太空安全联盟体系。随着太空系统成为影响地面军事冲突以及陆地、海洋领土争端的重要因素，美军"偏帮"国际盟伴还可能打破地区力量平衡、改变力量对比与利益算计乃至助长军事冒险主义，不利于地区紧张局势的缓解和地区热点问题的降温，也不利于国际战略稳定。

以印太地区为例，冷战时期美国对日本、韩国和印度等国发展太空

---

① 防衛省、「防衛計画の大綱・中期防衛力整備計画」、2018 年（平成 30 年）12 月 18 日、第 7 頁、https://www.mod.go.jp/j/approach/agenda/guideline/pdf/20190801.pdf。

② 防衛省、「日本の防衛」、令和 3 年、第 242 頁、https://www.mod.go.jp/j/publication/wp/wp2021/pdf/R03030103.pdf。

③ Saadia M. Pekkanen, "Neoclassical Realism in Japan's Space Security", in Robert J. Pekkanen and Saadia M. Pekkanen eds., *The Oxford Handbook of Japanese Politics*, New York: Oxford University Press, 2021, pp. 773-779.

④ Lim Chang-won, "S. Korea Works on Technologies to Track Military Satellites with Laser", *Aju Business Daily*, January 27, 2021, https://www.ajudaily.com/view/20210127113624828.

⑤ Rajat Pandit, "Satellite-killer Not a One-off, India Working on Star Wars Armoury", April 7, 2019, https://timesofindia.indiatimes.com/india/satellite-killer-not-a-one-off-india-working-on-star-wars-armoury/articleshow/68758674.cms.

第十章 美军太空作战探索的后果

军事能力持反对、限制立场。1969年7月签署的日美太空合作协定规定日本仅限于和平利用太空。① 就韩国而言，1979年的《韩美导弹框架协议》是其火箭研发的一个障碍；为了防止韩国把火箭技术用于导弹技术研究，即便在2001年韩国加入《导弹及其技术控制制度》以后，美国商务部仍拒绝向其出口相关火箭技术。由于担心印度可能会将其用于战略核导弹武器的发展，美国多次拒绝向印度提供低温火箭发动机的研发和生产技术，1992年俄美导弹技术控制协议的签署更是使印度从俄罗斯获得低温火箭发动机技术的希望再次落空。

近年来随着美国战略重心向印太地区倾斜，为配合其大国战略竞争战略，一方面，美国改弦更张，为韩国、印度发展太空军力积极松绑，对日本、澳大利亚的太空军力建设也更加包容；另一方面，美国还通过双边和多边渠道，强化以其为中心的印太太空安全联盟体系。

以韩国为例。2012年到2015年间，美韩太空合作几乎一年一个台阶：2012年两国国防部签署《韩美太空合作工作组职权范围》，2013年两国召开首次太空合作工作组会议，2014年两国签署太空态势感知协定，2015年两国举行首届太空政策对话。到2021年，美国与韩国迎来了太空安全合作的巨大飞跃：5月，美国解除了对韩国长达42年的导弹研发限制，既为后者开发800千米及以上射程的导弹松绑，又为后者开发大推力火箭开了绿灯；8月，美国太空军又与韩国空军签署谅解备忘录，同意韩国空军参加美国太空军主办的联合军事演习并成立联合太空政策磋商机构，积极开展人员、信息交流及技术合作。2022年4月，美国与韩国不仅首次同意开展在美韩联盟层级上制定太空政策的联合研究，而且同意出于军事目标开展太空态势感知合作。

印度作为南亚地区大国是美国极力笼络的又一对象。除了自2015年3月以来美国和印度定期举行太空安全对话以外，21世纪以来两国签署的4项基础性军事协定②中就有2项与太空有关：美印2018年9月签署

---

① *The Exchange of Notes in Concerning the Cooperation Space Exploitation between USA and Japan of 1969* (Proclaimed July 31, 1969), https://www.jaxa.jp/library/space_law/chapter_1/1-2-2-8_e.html.
② 另外两项是2002年签署的《一般军事信息安全协定》（GSOMIA）和2016年签署的《后勤交流协定备忘录》（LEMOA）。

的《通信兼容与安全协议》允许印度为其进口的 C-17、C-130 运输机和 P-8I 反潜机等美式装备采购美国加密通信专用设备；美印 2020 年 10 月签署的《地理空间基本交流与合作协议》使印度可以从美国获得对提高瞄准和打击精度至关重要的地理空间情报数据。2022 年 4 月，美印又签署太空态势感知合作协定。

此外，美国与其印太盟伴还把太空合作纳入双边首脑会晤、"2+2"会谈、"五眼联盟"、美日澳印四方安全对话、"奥库斯"澳英美安全联盟等其他对话与合作机制。比如 2021 年 9 月美日印澳四方安全对话首届领导人峰会同意建立太空合作工作小组，2022 年 5 月美日印澳四方安全对话第二届领导人峰会又推出了基于卫星的印太海域态势感知伙伴关系倡议。2022 年 4 月，美国、英国、澳大利亚宣布将在 2021 年 9 月签署的"奥库斯"安全协定框架下在高超声速导弹及电子战能力领域开展合作。[①]

美国与其印太盟伴在太空安全领域相互策应，令印太地区安全形势复杂化。比如印度区域卫星导航系统能够覆盖以印度为中心、从北纬 50°到南纬 30°、从东经 30°到东经 130°的区域，印度专用军事通信卫星"地球静止轨道卫星-7"能够覆盖 2000 海里范围的广阔印度洋海域；日本"准天顶"区域卫星导航系统围绕东经 135°运行，其星下点轨迹呈不对称的"8"字形，能够覆盖从日本到澳大利亚的广阔区域，并显著提高亚太地区美国"全球定位系统"的精度；日本"向日葵"气象卫星能够覆盖从美国夏威夷州到孟加拉湾的广阔区域。对美国来说，可借助印太盟伴增强其谋求印太乃至全球太空霸权的筹码；对美国印太盟伴来说，则可挟美自重乃至有恃无恐；对印太地区而言，则可能给地区太空军备竞赛和地区安全困境火上浇油。比如巴基斯坦对美印强化太空合作表示关切，表示美国对印度的过度援助将削弱南亚战略稳定。[②]

另外，美军太空作战探索、特别是持续开发、验证、储备乃至部署

---

① Colin Clark, "AUKUS Nations Commit to Developing Hypersonics, Drone Subs, Cyber", *Breaking Defense*, April 5, 2022, available at: https://breakingdefense.com/2022/04/aukus-nations-commit-to-developing-hypersonics-drone-subs-cyber/.

② See Raja Qaiser Ahmed, Misbah Arif & Mahvish Malik, "Emerging Trends of Space Weaponization: India's Quest for Space Weapons and Implications for Security in South Asia", *Astropolitics*, Vol. 18, No. 2, 2020, pp. 158-169.

太空装备还令战略安全形势复杂化。美国 2001 年、2019 年先后退出美苏《反导条约》《美国与苏联消除两国中程与中短程导弹条约》(简称《中导条约》),虽然 2021 年美俄赶在最后一刻续签了《新削减战略武器条约》,未来美俄核军备竞赛限制以及不得干扰被称为"国家技术手段"的侦察卫星的正式禁令的命运仍然堪忧。① 美国坚持片面追求绝对安全,不接受相互威慑,执意推进地区导弹防御系统部署,且不愿彻底放弃开发天基导弹防御系统,在大国战略竞争加剧的背景下,核军备竞赛合并太空军备竞赛不仅将加剧太空安全困境,而且将对大国战略稳定带来严重冲击,给世界安全带来严重威胁。

---

① "国家技术手段"包括能够超视距或在不同光谱观测的天基卫星、侦察机及大型雷达。美苏 1979 年的《第二阶段战略武器限制条约》、1987 年的《中导条约》、1991 年的《第一阶段削减战略武器条约》和美俄 2011 年的《新削减战略武器条约》都包含不得干扰"国家技术手段"的规定。See Michael P. Gleason & Luc H. Riesbeck, *Noninterference with National Technical Means: The Status quo Will Not Survive*, Aerospace Corporation, January 15, 2020.

余 论

威慑视角下的美军太空作战探索

> 不战而屈人之兵，善之善者也。
>
> ——《孙子兵法·谋攻》

　　特朗普政府官宣太空为作战领域、推进新一轮美军太空体制重组把美军太空作战探索推到前所未有高度。但历史地看，这不过是继 20 世纪 80 年代的里根政府、21 世纪初的小布什政府之后美国太空鹰派思维的又一周期性间歇发作，是 20 世纪 60 年代末 70 年代初以来美国太空系统持续介入美军地面常规冲突的必然结果。表面上看交替执政的美国民主党政府和共和党政府在太空领域呈现出钟摆式的运动轨迹，但在以实力求和平、巩固美军太空军事霸权上并无二致，推进太空作战探索、维护并巩固美国太空主宰地位已经成为超党派战略共识。

　　威慑与作战恰如一枚硬币的两面，是美国国家安全太空战略不可或缺的组成部分。传统上威慑有惩罚性威慑和拒止性威慑两种基本方式。[①]由于威慑具有主观、推测特性，无论采取何种方式，向威慑对象展示能力、可信度并改变其代价—收益算计是威慑成功的关键。太空威慑与核威慑不同，核爆带来的蘑菇云和巨大杀伤力使核威慑成为一种"可展示威慑"，而太空攻击的效果通常为肉眼所不及且没有直接人员伤害，太

[①] 参见李义、况学伟、王友峰、史晓雄《美国太空威慑样式浅析》，《国际太空》2020 年第 11 期。

空威慑很大程度上是一种"推断威慑"。① 因此，在美国决策者看来，展示美国在太空冲突中获胜的能力是防止太空战争发生的最佳方式。通过太空实战，美军能够展示其太空系统威力，把美军太空能力可信地传达给潜在对手，促使其三思而后行。有美国学者甚至指出，一个为适当太空架构支持的合理太空战计划本身就是一种强大的威慑。② 在此意义上，美国热衷于在太空领域"秀肌肉"，正是希望通过一定程度上弥补太空威慑"可见度"低的不足来提高太空威慑的可信度，达成以战慑战、以战止战、继续维护并巩固美国太空领导地位乃至霸权的目的。

而拜登政府上台以后又提出了所谓的"集成威慑"作为其国防战略的核心，即通过作战领域、战区、冲突全程、美国所有国力工具及其盟伴网络的无缝衔接来威慑冲突。③ 反映到太空领域，美国积极推进太空安全、民事和商业领域跨部门、跨国合作，期望在战略与政策上相互策应，在规则上相互声援，在市场上相互融合，在技术上相互倚重。

在太空安全领域，继2022年4月美国单方面宣布暂停破坏性反卫星试验以后，加拿大、新西兰、日本、德国、英国、韩国、澳大利亚、瑞士、法国等国相继做出类似承诺。在民事太空领域，美国国家宇航局以"阿尔忒弥斯"重返月球项目为抓手，积极拉拢国际盟伴加入《阿尔忒弥斯协定》，确保美国在月球探索、开发及相关国际规则制定的领导地位，截至2023年1月，已有23国签署加入。④ 在商业太空领域，美国商业太空公司也积极全球布局。比如美国近地轨道实验室公司除了在美国阿拉斯加州、得克萨斯州部署商业太空态势感知雷达外，还在澳大利亚、新西兰、哥斯达黎加和大西洋的亚速尔群岛（Azores）部署雷达，未来

---

① Michael Krepon, "Space and Nuclear Deterrence", in Michael Krepon & Julia Thompson eds., *Anti-satellite Weapons, Deterrence and Sino-American Space Relations*, p. 15.

② Bruce MacDonald *et al.*, *Crisis Stability in Space: China and Other Challenges*, SAIS, Johns Hopkins University, September 2016, p. 46.

③ U. S. Department of Defense, *2022 National Defense Strategy of the United States of America*, October 2022, p. 1.

④ 它们是：澳大利亚、巴林、巴西、加拿大、哥伦比亚、法国、以色列、意大利、日本、卢森堡、墨西哥、新西兰、尼日利亚、波兰、韩国、罗马尼亚、卢旺达、新加坡、乌克兰、阿联酋、沙特阿拉伯、英国和美国。

还打算实现在全球 26 个地点部署雷达①；而截至 2022 年 9 月，太空探索技术公司的"星链"近地轨道小卫星星座已覆盖全球七大洲。

"集成威慑"的实施不仅加剧了太空领域的竞争与分裂，而且进一步模糊军商、军民界线，不利于太空的和平、稳定和可持续发展。随着美国以地缘政治划线，一方面持续全方位深化与其国际盟伴的太空合作，另一方面又利用出口控制、制裁、签证限制等手段打压与其他国家的太空合作，未来不排除形成不同太空阵营的可能。而随着太空商业化的推进，商业太空公司作为太空事务的重要新兴力量本有望成为制约太空武器化的生力军和维护太空和平、稳定和可持续开发的积极力量，但商业太空公司表现活跃、有"第一场商业太空战"②之称的乌克兰战争却引发了关于商业太空公司参与地面常规冲突的边界在哪里的思考。③ 太空商业公司深度卷入地面常规冲突，不仅不利于其全球商业利益的拓展，而且引发了外界关于商业太空公司是否会沦为美国军工复合体的一部分和"战争的从犯"的担忧。

总而言之，无论是试图通过在太空实战中展示美军太空作战优势来弥补太空威慑作为"推断威慑"其"可见度"低的缺点，还是通过"集成威慑"来增强美军太空作战实力，都彰显了美军以实力求和平的底色，体现了在绝对优势相对削弱的背景下，美国仍千方百计维持并巩固其全球太空军事霸权的意图。太空既是科学探索的前沿，又是经济开发热土，为了维护太空的和平、稳定和可持续发展，国际社会应该坚决抵制太空合作政治化、"泛安全化"，坚决反对太空军事化、武器化的逐底竞争，并积极推动太空经济、环境和安全的全球治理。

---

① Debra Werner, "LeoLabs to Construct Radars in Western Australia", *SpaceNews*, October 19, 2021, https://spacenews.com/leolabs-western-australia-radar/; Staff Writers, "LeoLabs Australia announces Aussie Space Radar Project", *SpaceDaily*, November 12, 2021, https://www.spacedaily.com/reports/LeoLabs_Australia_announces_Aussie_Space_Radar_Project_999.html.

② Sandra Erwin, "On National Security: Drawing Lessons from the First 'Commercial Space War'", *SpaceNews*, May 20, 2022, https://spacenews.com/on-national-security-drawing-lessons-from-the-first-commercial-space-war/.

③ David A. Koplow, "Reverse Distinction: A U.S. Violation of the Law of Armed Conflict in Space", *Harvard National Security Journal*, 2022, Vol. 13 No. 1, pp. 25-120.